高职院校体育教学与学生体质健康研究

洪　晶　著

中国商业出版社

图书在版编目（CIP）数据

高职院校体育教学与学生体质健康研究 / 洪晶著
. — 北京：中国商业出版社，2023.9
ISBN 978-7-5208-2656-3

Ⅰ. ①高… Ⅱ. ①洪… Ⅲ. ①体育教学—教学研究—高等职业教育②高等职业教育—大学生—身体素质—健康教育—研究 Ⅳ. ① G807.4

中国国家版本馆 CIP 数据核字（2023）第 182062 号

责任编辑：滕　耘

中国商业出版社出版发行
（www.zgsycb.com 100053 北京广安门内报国寺 1 号）
总编室：010-63180647　编辑室：010-83118925
发行部：010-83120835/8286
新华书店经销
北京时捷印刷有限公司印刷
*
710 毫米 ×1000 毫米　16 开　9.75 印张　130 千字
2023 年 9 月第 1 版　2023 年 9 月第 1 次印刷
定价：69.90 元
*　*　*　*

前　言

学生是国家未来的希望，是新时代的生力军，他们的身体健康状况与社会的发展及国家的进步有着非常密切的联系。如果学生的身体素质不佳，对他们的学习与生活会产生一定的影响。由此看来，高职院校体育教学应根据当前学生体质健康状况，在教学方法、教学模式、教学内容以及教学设施等方面实行相应的改革措施，以促进学生体质健康得到有效的改善和提高。

提高学生的身体、心理和社会适应能力的整体健康水平，是高职院校体育教学与学生体质健康有机融合的重要目标。在多领域构建并行推进的课程构造，即在认知与情感、技艺与行为等领域把各个学科范畴的相关知识进行融合，如生理、心理、卫生保健、环境、社会、安全、营养和体育等，把对学生的健康意识、身体锻炼和卫生习惯的关注落到实处，并将其贯穿于课程实施的全过程，使学生健康、快乐地成长。

本书是一本研究高职院校体育教学与学生体质健康的著作，书中结合高职院校体育与健康课程的教学及实践，侧重于培养学生的体育实践能力、促进学生身心健康等方面，重点介绍了体育课程体系的构建与教学质量的影响因素、体育锻炼的功能、大学生体质健康管理体系、大学生体质健康的锻炼指导与运动营养指导、增强体质健康的运动处方等内容。书中内容的选择和创新，体现了以人为本的原则，围绕体育教学与体质健康这个核心，构建出完整、系统的结构体系。

本书在撰写过程中参阅了大量的相关资料，吸取了其中许多有益的内容，在此向所引资料的作者表示衷心的感谢。由于笔者水平有限，书中难免有错误和不妥之处，恳请广大读者予以批评指正，以臻完善。

作　者

2023 年 1 月

目 录

第一章
概　述

高职教育作为我国培养现代化、高素质、专业化人才的重要方式，是教育系统的基础工程，对我国工业现代化的发展具有重要意义。因此，全面提高高职学生的身体和心理素质，对促进学生未来的职业发展具有重要意义和积极作用。随着教育现代化的深入发展，体育教学也面临着相应的改革，体育教师不仅要了解其重要性，更要积极地采用有效的方法对现有的教学方式进行更新和改革，通过新媒介、新技术等新载体有效地向学生传授体育知识，使学生有意识地树立终身体育意识，为其未来职业发展奠定牢固的基础。

第一节　高职院校体育教学的组织形式

我国高职院校体育课程体系结构，无论是课程的设置、教学方法的应用，还是教材内容的选择、指导思想的确定等，都与本科院校存在一定的差异，已经不能满足学生个体发展的需要和提高高职院校体育教学质量的需要。目前，高职院校体育教学的组织形式是一年级为基础课程（采用一刀切的、封闭的模式，每个学生的教学形式、教学方法、教学内容、上课时数差别性不大），二年级及以上年级为选修课（虽然在选课形式上以学生自由选项目为主，但实际教学还是以学生学、教师教为主）。这种组织形式存在较多的问题，对学生体育能力、体育意识的培养，以及对学生终身体育意识的塑造等都是不利的。显然，高职院校的体育教学组织形式面临相关问题，但同时也为高职院校体育教学改革的积极开展提供了现实可能和良好契机。

一、体育教学组织形式的定位及内涵

体育教学组织形式是体育教学模式的主要构成之一。体育教学模式是指基于体育教学的原则，在一定的体育教学条件及教学思想指导下所形成的教学结构和教学体系，它同时也是用于规定师生活动、教材选择、课程设计的体育教学基本体系和基本框架。与体育教学模式不同，体育教学组织形式是为了实现体育教学目标而确定的学生与学生之间、学生与教师之间的组织结构方式，同时是基于体育实践的教学环境、学生的具体情况、体育教材内容的特点而采用的不同的体育教学方式。体育教学组织形式具有多样性，但往往受到教学内容、场地器材、学生身体素质和体育教学思想等条件的限制。体育教学组织形式与体育教学方法、体育教学内容、体育教学手段一样，都是以实现教育目的、完成教学任务为前提，是实现“健康第一”指导思想下体育课程内容和目标的重要保证。行之有效、科学合理的体育教学组织形式，是提高教学效率的组织保证，不仅能够提高学生的学习质量和体育教师的体育教学质量，还能融洽学生关系和师生关系，也会对学生的情感和个性的培养产生较大的作用，最终达到“育人”的目标。

二、体育教学组织形式的特点

（一）形式多维性

体育教学组织形式是对体育教学过程中空间、时间、人员的安排和组织情况的集中反映。体育教学组织形式的多维性也体现了体育教学活动的多维性，可以充分利用教学智能系统、网络信息化技术等方式组织教学。因此，对它的研究要完整、全面地进行。

（二）分班多样性

体育课程是一门实践性很强的课程，身体活动是其主要内容。体育课程的教学效果，会受到学生在技能、体能等方面的差异的影响。为了对学生的需求进行更好的满足，可以考虑采取混合性别、个人兴趣、运动技能水平、跨班级和跨年级等方式来进行教学组织形式的分班。

（三）分组针对性

为了使教学效果有效提高，可以将多种教学分组方法应用在同一个教学班中。体育教师也可以帮助学生成立相应的互助合作小组，将体育基础良好的学生与体育基础较差或者一般的学生放在一个互助小组，这样能够让体育基础较差或者一般的学生及时地获得指导和帮助，也能够充分、有效地将体育基础良好的学生的积极性和主动性调动起来。同时，对于那些相互之间比较熟识的学生，可以将他们分在一组。由于他们之间已经建立起了深厚的友谊，想法一致、依赖性强、信任度高，同学组建的互助小组能够形成合力，可以将各自的作用充分地发挥出来。

三、体育思想对高职院校体育教学组织形式的挑战

（一）“健康第一”思想对体育教学组织形式的挑战

早在2014年，教育部颁布的《国家学生体质健康标准（2014年修订）》在“说明”中就明确指出“本标准的修订坚持健康第一”。近年来“健康第一”的理念越来越深入人心，无疑也影响到体育健康教育的思想，主要包括以下几点：一是以健康教育为主线，充分调动学生自觉参加体质健康测评的积极性，增进健康观念，养成健康行为的习惯；二是以学生个体为核心，重视学生体质健康水平的个体差异，关注学生的体质特征、身体素质水平及生理功能分布情况，关注学生体质健康水平及其变化情况；三是以教育为主要目的，不仅考察学生体质健康水平，更要教育学生，让学生通过自我认识、自我诊断、自我改进获取有效的身体锻炼技能，加强体质健康及自我调节能力，营造良好的体质健康锻炼环境；四是以监控为主要任务，强调测评数据的及时性、准确性，帮助学校了解学生体质状况，以及体质健康水平的变化和趋势，明确学校的教育任务及责任，全面反映学校育人水平；五是以健康管理为重要内容，重视个体的体质健康管理，提高学生的健康素养，持续提升学生的体质素质，建立持续健康管理制度，形成健康文明新风尚。“健康第一”已经成为高职院校体育教学的指导思想，它强调要关注学生未来的发展需要，以学生为本、满足学生需要。但是由于大部分高职院校体育教学的传统性，导致其在教学过程中仍然以统一的考核标准、统一的练习手段、统一的教学内容来要求学生，因此很难满足学生差异化的健康发展需求。

（二）“体育价值”思想对体育教学组织形式的挑战

高职院校体育教学的重点内容之一是培养学生的体育文化修养，而在“健

康第一、素质教育”的指导思想下，高职院校体育课程必将出现巨大的变化：一是逐步实现体育教学俱乐部化，二是开设多样的活动课、加大选修课比例和减少必修课比例。高职院校体育教学改革必须强调运动的实用性、娱乐性、和谐性和健康性，通过体育运动体现现代化、多元化、生活化、个性化和终身化，坚持以人为本，符合身心俱全和社会发展的需要，逐步改革创新高职院校体育教学组织形式，注重体育教育与现代体育的关系，注重终身体育与学校体育的关系，注重培养、提高学生参与体育的意识和体育能力，改变原来那种统一授课的教学组织形式，树立现代体育观念（身心双重性、健康性、自我教育、实用性、娱乐性等），满足学生的多元化需求。

（三）“终身体育”思想对体育教学组织形式的挑战

体育教学在高职教学阶段已经体现出了实用性、生活化等特点，并努力与终身体育相衔接。学生离开学校后不能有效地将学校所学的体育教学内容进行迁移和运用，是目前高职院校体育教学在贯彻终身体育思想方面的一大困境。这不仅不利于学生掌握好体育教学内容，不利于学生个性化发展的需求，也不利于学生终身体育思想和运动习惯的形成。基于此，高职院校的体育教学应该实现体育教育与健康教育的有机结合，对学生的终身体育能力进行重点培养，以学生组织形式改革为中心，体现出学生的主体性作用，为实现学生的终身体育进行有效建构。

四、体育教学改革对高职院校体育教学组织形式的挑战

（一）体育教学模式多样性对体育教学组织形式的挑战

从目前来看，高职院校体育教学模式改革虽然已经取得了一定的成效，出

现了部分自由选修课，但是仍然存在着“课外体育活动与课内体育教学相互割裂、以单一的体育课堂教学为主”等落后的教学方式，这对课外体育活动的发展造成了较大的制约，也是高职院校体育教学缺乏特色的原因之一。体育教学组织形式与体育教学模式紧密联系，体育教学模式多样化，必将带领体育教学组织形式多样化。高职院校要对体育教学组织形式和教学模式进行创新，以体育课程整体改革为中心，进而形成多种教学组织形式并存的格局。结合高职院校的具体情况，选择科学、合理的体育教学组织方式，是提高学生学习质量和体育教学质量的有效途径。

（二）高等职业教育特点对体育教学组织形式的挑战

高职院校的体育教学具有其自身人才培养的特色与目标，更突出了其应用性和职业性，因此，在教学过程中应该充分考虑学生的个性发展和个体需要，注重其专业性、选择性的特点。高职院校有较强的职业针对性，提倡学以致用，以应用型人才为主要培养目标，它要求学生具有较强的动手能力，而动手能力并不能凭空而得，它需要通过大量的实践活动来培养。与本科院校不同，高职院校的学生参加校内外的实训实习机会较多，须付出较多的精力和体力，这很容易让学生的身体和心理出现疲劳。因此，高职院校在选择适当的体育教学组织形式时，务必考虑这些因素，开展有利于促进学生体能、职业操作技能和职业技术能力的相关教学内容。

（三）学生个性化需求对体育教学组织形式的挑战

关于体育教学，我国出台了一系列相关政策。教育部于 2002 年颁布了《全国普通高等学校体育课程教学指导纲要》，2005 年颁布了《关于进一步加强高等学校体育工作的意见》，2014 年颁布了《高等学校体育工作基本标准》；2020 年

10 月，中共中央办公厅、国务院办公厅印发了《关于全面加强和改进新时代体育工作的意见》；2021 年，教育部三部门发布了《关于全面加强和改进新时代学校卫生与健康教育工作的意见》。从这些政策来看，为了满足学生不同兴趣、水平、层次的需要，并结合体育课程的自身规律与学校教育的总体要求，可以打破学校原有的班级建制、院系建制，在合理的时间与课程安排中让学校全体学生能够自由修读感兴趣的体育知识、选择感兴趣的任课教师和本节课的时间。这些政策将以学生为主体的思想体现得淋漓尽致，也尊重并给予了学生充分的自主选择权。学生是体育教学中的主体，这是现代体育教学组织形式所着重强调的，它还强调了在体育教学活动中学生的探索性、能动性和积极性，主张学生自主、自律地进行学习。随着社会经济的发展，学生在运动价值取向、运动技术水平、主观努力程度、先天遗传条件、教育条件和家庭环境等方面存在着差异性，学生个体难免有所不同，而现代体育教学组织形式更是强调应该满足学生的个体差异性。统一的、集体的、传统的教学组织形式已经不能满足对学生因材施教和个体差异的需求，而只有采用个别化的教学组织形式，才能够突出“以学生为本”的教育理念，尽量满足学生的个体差异需求。

高职院校体育教学是一种实时变化的动态过程，教学空间、教学时间、教学人员都处于变化之中，尤其是教学对象也在不断变化、互相作用。随着社会各界对高等职业教育的日益重视，高职院校对体育教学结构、教学内容会有更加深入的研究，高职院校的体育教学组织形式也会出现相应的改变。由此可见，高职院校的体育教学组织形式在未来必然会出现多种教学组织形式共同发展、共存并进的局面。

第二节　高职学生的体质健康研究

无躯体疾病、无心理疾病和具有良好的社会适应能力，是世界卫生组织在健康定义中提出的全面健康的三个要素。这为人们树立了一个健康观念：健康不仅包括身体健康，也包含心理健康，而舍去任何一个方面都不是真正意义上的健康。随着社会经济的飞速发展，学习压力、人际交往日益复杂等问题越来越显著，高职院校学生所面临的心理压力越来越大，学生的心理健康问题也备受社会关注。而体育锻炼作为一种积极的生活方式，又与健康有着密切的联系，不仅能增强体质，还能对人的心理产生积极的影响，所以通过适宜的体育锻炼可以改善学生的心理状态，让他们养成积极乐观的生活态度。

一、高职学生的体质与心理健康状况

（一）大学生体质测试显示高职学生体质健康不容乐观

大学生体质健康监测结果清楚地反映了我国大学生的体质健康状况。其中，能够清晰反映学生成长发育水平的重要外显指标是身高、体重；而肺活量是衡量人体质健康和持续工作能力的基本因素之一；立定跳远主要是测量向前跳跃时，下肢肌肉的爆发力和身体协调能力，是对身体发育水平和谐度的评价；学生个体的有氧耐力水平及学生整体的运动能力，则是通过 1000 米跑（男）、800 米跑（女）作为速度耐力标准指标测试的。

整体来看，我国大学生身体素质情况不容乐观，学生体质健康存在突出问题且发展较为迅速。学生胖的太胖、瘦的太瘦，体形两极分化现象严重，超重及肥胖学生明显增多，肺活量依旧呈现下降趋势，身体柔韧性和灵敏性两极分化率逐年拉大，并且随着速度、力量、耐力水平的下降，整体生理机能水平也在下降。

（二）高职学生心理健康状况

通过症状自评量表SCL-90调查并结合访谈心理咨询教师得知，高职学生的心理健康状况比较良好，总体水平高于全国大学生相应年龄段的学生状态，在强迫症状、人际关系敏感、抑郁、敌对、恐怖、偏执和精神病性等因子上的得分低于全国平均水平，但在焦虑因子得分方面略高于全国平均水平。高职院校也存在着可导致应激反应的学生。

二、影响高职学生身心健康的原因

（一）体育锻炼不足

调查分析可以得知，高职学生的体育锻炼情况不甚理想。学生除了在体育课中参加锻炼之外，自主参加课外体育锻炼活动的时间很少。从总体情况来看，男生参加体育锻炼活动的时间普遍比女生参加体育锻炼活动的时间多。在体育项目的选择上，男生、女生也有显著差异，像篮球、足球、乒乓球等活动量大、竞争性和对抗性强的运动项目是男生比较喜欢的，而像健美操、跳绳等具有健身娱乐性的项目则是女生比较喜欢的。虽然男生、女生在锻炼项目的选择上有所差异，但是他们都非常明确自己的锻炼动机，始终把增强身体健康水平放在第一位，能充分认识到体育有增强体质的本质功能。

调查分析发现，影响高职学生体育锻炼的因素主要是缺少场地器材和缺少校园群体运动氛围。因此，学校不仅要加强对场地器材的投入，更要加强校园体育文化的建设，营造一个良好的学生群体参加体育锻炼的氛围，并在课堂上加强对学生体育锻炼方法的传授以及终身体育意识的培养。

（二）不健康的生活方式对学生体质健康水平的影响

健康的生活方式有利于学生形成健康的体魄，但是部分高职学生学习动力不足并且行为比较散漫，以及生活方式不健康等因素造成了学生身体的亚健康状态。调查分析显示，部分高职学生存在吸烟和喝酒的生活方式。男生在这方面情况较女生严重，尤其是在学生聚餐时，这种现象更为普遍。这些不健康的生活方式对人体器官（如神经和精神等）都造成了一定的危害。调查同时还发现，部分学生沉迷网络，有的甚至到了废寝忘食的状态，眼病、腰椎病和精神异常症状等在网瘾学生中逐渐显现出来。而且，长时间的上网也减少了学生的休息时间，导致学生睡眠状况不佳，睡得少和睡得晚成了普遍现象。长时间的睡眠缺失会导致学生生活、学习状态不好，还容易带来烦躁、情绪不佳、容易冲动等一系列的心理问题。

（三）压力过大导致心理应激

研究显示，心理健康主要由认知、情感和社会性这三方面因素构成，而影响学生心理健康的主要原因则有自卑感、经济条件、情感问题和就业压力。部分高职学生或由于文化基础较为薄弱而产生自卑感，或由于家庭经济条件较困难而产生心理失衡，或由于情感困惑和就业不顺而产生心理压力。

三、体育锻炼对身心健康的积极影响

对于体育锻炼与身心健康的关系，国内外已有不少研究，结论较为一致地认为科学的体育锻炼能够有效促进身心健康。但是同时也应注意，不科学的体育锻炼也会给身心健康带来负面效应，如心力衰竭和运动伤害等。目前认为中等强度的运动量最有利于促进人的身心健康。

（一）体育锻炼可以改善焦虑

高职学生可以通过适当的、科学的体育锻炼来提高自身在不同情境、氛围的情绪控制力，尤其是学生可以通过体育锻炼这个途径去表达和发泄自己的不良情绪，从而改善自身的焦虑水平。并且当学生进行适当的、科学的体育锻炼时，会不自觉地陶醉其中，这种积极的情绪体验具有直接的心理健康效应，对缓解身心焦虑的情绪具有良好的作用。

（二）体育锻炼可以降低抑郁水平

体育锻炼频率与抑郁程度有着极为密切的关系，体育锻炼对改善抑郁状况有着不可估量的作用。一些研究表明，平时不积极参加体育锻炼的学生的抑郁水平显著高于积极参加体育锻炼的学生。

（三）体育锻炼可以增强自尊心

研究表明，通过体育锻炼来保持良好的心理状态的作用是明显的，而衡量心理状态的一个重要指标就是自尊心。通过体育锻炼，不仅使学生的身体得到了锻炼，同时也让学生在日积月累的体育锻炼中因自己形体的改善和体质的增强而愉悦身心并提高了身体对外境的适应力，在无形之中增强了学生的自尊心。

四、高职学生身心健康的促进措施

（一）开展体育与身心健康教育

高职院校可以开设体育与身心健康教育系列知识讲座，提高学生对身心健康的认识，了解体育锻炼与身心健康的密切关系，进一步强化健康意识。同时，运用黑板报、宣传栏等途径去提供体育锻炼与健康相关的公共信息，进一步促进其态度和行为的改变。

（二）塑造校园体育锻炼氛围

为了将促进高职学生身心健康落到实处，必须积极争取有利于学生身心健康活动的支持，并将其作为学校学生工作的重要内容。例如，开展体育文化节，发展体育锻炼健身联盟，充分发挥体育锻炼的群体效应，营造适宜学生体育锻炼的氛围，使体育锻炼成为学生生活的重要组成部分，让学生的生活方式向着健康、文明、科学的方向发展。

（三）优化体育课程改革

为了使高职学生能够真正地参与体育运动，学校必须加强体育师资队伍的建设，优化体育课程，让高职学生掌握 2 ～ 3 门运动技能，有意识地培养他们的终身体育意识，并积极落实好各类体育俱乐部的建设和管理。

通过以上一系列措施，可以促进学生形成“知识习得—行为尝试—习惯形成”的身心健康促进体系，切实加强学生身心健康的锻炼。

第三节　高职学生的体质健康测定

下面将某高职学院 2018 级高职学生作为研究对象，在全面分析高职学生体质健康测试结果后，针对现有情况以及影响高职学生体质健康的诸多因素提出相应对策，以切实提高高职学生的体质健康状况，为进一步实现高职学生的全面发展提供可能。

一、研究对象

研究对象是在某高职院校中抽取的500名2018级高职学生，以其体质健康状况为样本，样本中包括男生100人、女生400人。

二、研究方法

（一）文献资料法

文献资料法就是通过整理分析国内外关于大学生身体素质健康方面的文献资料，进而整合当前我国大学生身体素质健康测试的报告，通过大数据分析来为本研究提供一个全方位、深层次的理论和数据参考。

（二）数理统计法

对抽取的500名高职学生的体质健康测试数据进行整理，并将数据输入SPSS22.0统计学软件中进行分析和总结。

（三）对比分析法

根据教育部颁布的《国家学生体质健康标准（2014年修订）》和相关规定，本次研究将抽取的500名高职学生的体质健康测试结果和大学生体质健康标准进行对比。

三、体质健康测试结果分析

本次对500名2018级高职学生进行了问卷调查，目的是调查这些学生的体质健康状况，并分析影响体质健康的因素。本次研究共发放调查问卷1500份，回收调查问卷1466份，回收率97.73%。通过对回收的1466份调查问卷进行对比统计分析，可以获知被调查者普遍对体质测试结果不满，满意率仅达52.6%。并且通过整合调查结果可知，学生体质健康测试较差的主要原因首先是在思想层次上，大部分学生对于体质健康的认识和重视程度不够，仅有39%的学生能够答对关于体质健康的正确含义。其次是学生对于体育锻炼的热情不高，对于体育课程也不够喜欢。调查显示，其中72%的学生对于体育课程没有热情，仅有28%的学生认为体育课是有意义的，因此体育课程改革迫在眉睫。另外，对抽取的500名学生在2019年的体质健康测试结果整理分析可知，首先从身高、体重来看，符合标准的占总人数的46.3%，不合格的分为偏瘦和偏肥胖两种，其中有32.6%的人偏瘦，有21.1%的人偏肥胖。符合标准的人数不足50%，这种情况不容乐观。因此，应该合理地疏导学生的心理情绪，减少和改善消极情绪与不合理的情绪诉求，引导和培养学生树立积极、正确的“三观”，使学生理解体质健康对学习和生活的意义。

四、高职学生体质健康发展对策

（一）加强思想观念教育

首先，学校应该加大对体质素养相关信息的宣传，充分利用体育课堂、校园广播媒体以及新媒体，提高学生对体质健康知识的认识。从思想上先让学生重视体育锻炼，养成日常锻炼的好习惯。其次，要建立教师和学生沟通无障碍的情感机制。在课内外实现教师和学生的友好交流，让教师通过言传身教引导学生在日常生活中养成积极的体育锻炼和生活态度，帮助其处理好人际交往关系，改善并消除心理问题，健全其积极、坚强的人格。

（二）加强心理健康教育

高职学生对社会的稳健发展有着不可小觑的作用。高职学生正处于思想认识和身体素质健康高速发展的阶段。因此，学校必须紧随时代潮流，结合高职学生特点，建立健全校内心理健康教育机制，构建心理健康服务平台。教师应充分利用现代信息技术，了解和掌握一定的社会信息，实现最有效的、最有针对性的、最符合高职学生特点的心理健康教育服务。针对不同的心理健康问题解决学生不同的诉求，积极正确地引导他们利用正确的生活方式和学习方式，处理好生活和学习之间的关系，解决好情感和就业、择业等具体问题。学校还可以建立健全信息公开制度，根据学生相关实际情况来实行信息公开，进而获知学生的思想诉求，并通过定期调查和访问、召开学生心理专家座谈会等，针对学生现实问题和合理诉求及时地分析和整理相关问题，并给出最合理的指导建议和心理疏导方法。

（三）加强现代信息手段在体育课程中的应用

首先，改变传统的教学模式，运用现代信息手段进行教学，能够吸引学生的注意力，消除其长期常规体育课程导致的倦怠心理。例如，可以播放奥运会上我国运动健儿的风采来激励学生对于体育锻炼的热情，从而提高体育锻炼的效率并形成终身体育的意识。其次，通过现代信息技术可以分解体育课程中的各种动作，将动作要领更加直观地展现出来，帮助学生增强理解，从而更好地引导学生加强体育锻炼，切实提高学生的体质健康。

（四）开设学生喜闻乐见的体育课程，提高体育课堂的趣味性

很多学校的体育教学风格多姿多彩，如开设了武术或者运动操的课堂学习。在这些体育教学的过程中，教师可以根据学习内容来播放一些相应的音乐或视频，创设出多样化的教学情境。这样使学生上体育课时既有对运动的期望，又有对音乐的期盼，如此一来，体育课堂的教学效果也随之改善。

（五）增加体育活动的资金投入和相关比赛活动

首先，高职院校应增加体育活动的资金投入，如加强高校体育场馆和相关体育设施的建设与日常维修。很多学校对于体育场馆的限制过多，定期定时开放，导致学生不能取得良好的体育锻炼效果。必须摒弃这种思维，充分利用校园良好的体育锻炼环境来提高学生体育锻炼的热情。其次，可以通过定期举办各种体育比赛活动来带动学生的锻炼，营造出浓厚的校园体育文化氛围。充分利用体育课堂这一桥梁，实现教师课下与学生的互动，通过比赛活动来取得高职学生最好的体育锻炼效果。

（六）加强体育手段与生活的融合

简言之，就是通过日常生活中的生产劳动或者娱乐行为产生一些体育手段。手段是为了达到某种目的而使用的行为方法，对于现代体育手段而言，就是通过身体锻炼以及生活饮食上的手段调整，进而帮助人们选择合适的生活环境以及培养、加强人们的各项素质，这是构成现代体育手段的要素。一般认为体育手段中包括不同的层次结构，从而对应人体生长的不同阶段，人在不同的时期进行的体育运动也不同。因此，应用体育手段，要注重身心的双重性。

第二章
高职院校体育课程体系的构建

高职院校在突出其职业特色的同时也要关注对课程体系的开发和研究，这样不仅能够帮助学生提高从事未来职业的适应能力和竞争能力，同时也能为学生学业到职业的转变提前打好基础。

第一节　构建高职院校体育课程体系的依据

一、从高职教育性和职业性及体育课程内容的选择所产生的依据

从高职教育的培养目标中，我们可以看出其特有的教育性和职业性。《国务院关于印发国家职业教育改革实施方案的通知》指出："职业教育与普通教育是两种不同教育类型，具有同等重要地位。……随着我国进入新的发展阶段，产业升级和经济结构调整不断加快，各行各业对技术技能人才的需求越来越紧迫，职业教育重要地位和作用越来越凸显。""把发展高等职业教育作为优化高等教

育结构和培养大国工匠、能工巧匠的重要方式，使城乡新增劳动力更多接受高等教育。”高职院校的培养目标具有目的性和标准性双重属性。其培养目标的目的性决定了高职教育的教育类型、人才规格以及高职教育的本质特征，其培养目标的标准性决定了高职教育的教育等级、质量标准以及高职教育的内在要求。高职教育的教育性和职业性对高职课程中“以社会需求为方向”“以能力为中心”“以职业为导向”的高职教育理念具有重要的实践意义，对于高职教学中的课程内容的选择和教学环节的设置都具有重要的指向性作用。因此，高职院校体育课程体系的构建主要是要立足于社会的需求和职业特征，在设置课程内容时是根据高职体育课程目标有针对性地进行的，从学生所学专业和今后职业岗位特点出发，使课程的设置服务于专业、服务于学生今后职业的发展，为学生由学习者向职业人的转变提供坚实的基础。

二、从高职院校人才培养目标的性质和任务到体育手段与方法所产生的依据

教育部先后印发了《全国普通高等学校体育课程教学指导纲要》《全国高等职业（专科）院校体育课程教学指导纲要（试行）》等文件，是高等教育领域（包括高职院校）针对体育课程教学制定的指导性文件，为深化体育教学改革、打造高质量课堂等明确了方向，对细化组织保障、督导评估等提出了要求。

这些文件明确提出，通过体育课程学习，培养学生体育兴趣，掌握科学的体育锻炼方法，至少熟练掌握一项体育运动的基本技战术；全面发展体能素质；养成自觉参与锻炼的行为习惯，提高终身体育锻炼能力；形成健康的心理品质、良好的人格特征、积极的竞争意识以及团队合作态度。

高职院校体育课程对学生身体素质和运动技能锚定的发展目标是：在实现基本目标的基础上，针对学有余力的同学及高职高专的专业特性制定的。

通过课程学习，能够制定科学合理的体育运动处方，具有较高的体育文化知识素养、体育运动技能水平和体育观赏能力，形成自觉进行体育锻炼的习惯与提高终身体育的能力。

同时，结合今后从事职业的职业资格标准，利用体育的手段，掌握发展职业体能的方法，了解常见职业性疾病的成因与预防与体育康复的方法，促进良好职业综合素养的形成。

因此，在借鉴国内已有的研究成果与高职院校体育课程体系的基础上，对高职院校体育课程教学现状进行深入研究是符合我国社会发展和学生需要的，有利于落实指导纲要和学生终身体育观的形成，有利于高职学生自身职业素养的提升，有利于高职学生进行角色转换并更好地胜任本职岗位工作、提高个人生活品质。

三、从高职院校体育课程类型和结构到学生身心发展规律所产生的依据

高职院校的体育课程主要包括运动技能型、职业技能型以及课余体育锻炼型三种。这种分类主要是根据高职学生自身的需求以及职业的发展来进行的。但从指导纲要颁布后的情况来看，各高职院校体育课程的课程类型和结构依旧是参照普通本科院校的课程类型和结构，或是沿用了以前中等职业学校的课程类型和结构，而真正的具有高职特色的体育课程类型和结构并没有体现出来，难以很好地满足学校体育课程对学生职业性的需求，也没有考虑到高职院校职业性、实践性、学制短、体育课开课时间少等特殊性。随着年龄的增长，高职院校学生的认知、情感、兴趣、需要等都发生了巨大的改

变，身心都趋向于成熟与定型。所以，高职院校体育课程体系的构建应遵循学生身心发展规律。从学生身体素质的形成来看，正确分析学生在高中阶段及以前初步形成的各种身体素质，并使其巩固和完善；从学生对未来职业的理解来看，正确引导学生对职业岗位的了解，形成体育文化与职业素质相互关联、相互促进的意识；从掌握与职业能力相关的运动技能来看，让学生掌握职业能力的学习，理解并实践科学的锻炼方法，以便更好地胜任将来的岗位，提高个人生活品质。

第二节　高职院校专业特点视域下的体育课程

在信息化互联网遍及的时代，社会对技术型人才的需求越来越大，科技在不断地创新与进步，国家更需要体魄强健的技术型人才。体育是高等职业院校的重要组成部分之一，也是学生全面提高综合素质的一个重要方面。

一、高等职业院校开设体育课程的必要性

（一）体育课程是国家持续发展的需要

面对竞争日益激烈的现代化社会，体育课程不仅对增强学生体质有积极的意义，而且对学生良好人格的塑造与健康个性的形成都有着非常积极的意义。依据“德、智、体、美、劳”全面发展的教育总方针，高等职业院校体育教育作为高等职业教育课程体系的重要组成部分，是其他课程所不能替代的。

（二）开设体育课程是顺应时代发展的要求

调查得知，很多高职女学生喜欢体育锻炼是想达到减肥的效果。“健康第一”是体育课程的总体指导思想，它的本质是以身体练习为基本手段，通过体育课程教学和技能的学习，提高学生的身体素质，不断提升学生体质健康水平。时代在进步，社会在发展，人们生活水平在提高，生活节奏也在加快，高强度的工作量更加需要我们有一个强健的身体做支撑和保障。

（三）培养学生自身团队意识和良好个性的需要

在坚持学校体育“健康第一”指导思想基础上，高职院校的体育教育除了传授体育运动技能、培养终身体育意识外，还应根据高职教育的专业特点进行培养目标的设置和定位。结合学生的专业特点和未来职业工作特征，以发展学生职业综合能力、促进学生职业适应性为根本任务来实现高职体育课程“以职业工作岗位能力需求设置课程体系”的改革理念，体现出“强健体魄、满足兴趣、提升素养、服务专业”的新高职体育课程定位，培养高职学生的团队协作意识、沟通能力、创新能力、决策能力和吃苦耐劳的意志品质。

二、高职院校根据专业特点开设体育项目分析

高职院校的体育课程应该根据高职院校的自身和专业特点，以及职业要求进行设立，有目的、有计划地安排课程，摒弃落后的教学模式，融入新颖的、适合专业学生特点的教学内容和体育项目。

（一）静态坐姿类——篮球

根据对高职院校培养方案的设定，高职院校开设的专业多种多样，对于诸

如会计专业、财务管理专业、计算机专业、金融专业、艺术设计专业和文秘类专业的高职学生，将来从事会计、柜员、文员、行政办事员、金融理财师、金融规划师、IT与设计行业从业人员等工作的可能性较大。这类工作需要较强的颈、肩、腰背部静力性耐力，对手指灵敏度要求高，容易导致人患颈椎病、肩周炎、腕管综合征、视力疲劳和肥胖症等疾病。

篮球是集跑、跳、投等身体运动于一体的对抗性体育活动，活动强度较大，能够全面地提高身体机能和素质。另外篮球运动灵活多变，需要不时分析突发情况，并及时处理。因此，静态坐姿类专业学生的体育课程应多设置以类似篮球运动为主的体育活动，培养参与者的创新能力，提高其分析问题的能力，促进其良好意志品质的形成，提高其工作进取心、自我约束和控制能力，从而达到心理调节和抗疲劳的效果。

（二）静态站姿类——武术

高职院校中诸如酒店管理专业、市场营销专业、服务与营销类专业的高职学生，未来从事酒店前台、管理人员、营销人员、大堂接待人员等工作居多。从事这类工作要求工作人员具有较强的腰背部静力性耐力、下肢力量、脸部笑肌张力，长时间的工作易导致下肢静脉曲张、腰肌劳损的病痛。

修习武术，可以使参与者通过从身到心、从魂到魄得到提升而充满安全感。武术的某些动作在切实保证安全的基础上，使头脑的应变能力得到提升，参与者除了身体得到锻炼外，在精、气、神等方面也会得到提升。因此，对于静态站姿类专业的学生体育课程应当以类似武术运动为主。武术锻炼可以使高职学生的形态气质、交际沟通能力、服务意识、合作能力得到很大的提升，让学生更加符合专业岗位的要求。

（三）流动变姿类——健美操

高职院校中的旅游专业、建工类专业学生，从业去向大多是导游、建筑工作从业人员等行业。此类行业的工作人员需要一定的上肢力量、下肢力量、攀爬能力、平衡能力和肢体的协调灵敏性，易受到关节炎、肌肉拉伤、腰椎突出、外伤等疾病的困扰。

健美操是集音乐、舞蹈、健身和娱乐于一体的体育项目，深受广大高职学生的喜爱。通过持续的中低强度的有氧运动，可以使参与者的心肺功能和耐力得到提升，不仅强身健体，还有减肥的功效。并且，健美操没有年龄限制，有着多变性和强烈的节奏感，培养高职学生的身体协调性和身心健康。因此，流动变姿类专业应该开设类似健美操的体育课程，锻炼学生的形态气质、身体协调性，提高学生的交际沟通和协作能力。

（四）工厂操作类——拓展小游戏

高职院校中还有类似于物流专业、数控机床专业、电子专业、自动化类专业的高职学生，他们毕业的就业方向是从事维护维修、物流管理师、机械师、检测与维护员等工作，此类行业对工作人员的腰背部静力性耐力、下肢力量、耐久力要求较高，且工厂操作行业人员因实践操作多，易出现肌肉拉伤、下腰背疼痛、腰椎间盘突出、骨膜炎、轻微外伤，在特殊环境下，还可能出现中暑等现象。

拓展训练小游戏是很好的交友和放松方式，也是培养团结意识、凝聚人心的体育活动。拓展游戏丰富多彩，针对不同的岗位性质和专业特点，可以设置特定的游戏，如简单的“水果蹲”游戏，可以增强下肢力量和团队的默契，“贴烧饼”游戏可以锻炼反应力和动作的敏捷度等。因此，工厂操作类专业的高职学生的体育课程可多设置类似拓展游戏的课程，让学生在游戏中增强自身的注意力、心理调节能力，放松心情，提高团队意识、合作能力，发挥领袖风采。

目前，体育教学模式单一，学生对体育锻炼的热情不高，积极性减退，大大降低了体育锻炼的目标、违背了体育课程设置的初衷。高职院校根据专业特点设计体育教学内容，可以活跃课堂气氛，调动学生参加体育锻炼的积极性，也可以拓宽学生的思维，传承和发扬博大精深的中华文化。

第三章 高职院校体育课程教学质量的影响因素

第一节 高职院校体育课程教学质量初探

一、正确认识学生在体育课程学习中的主体地位

教育部印发的《义务教育课程方案（2022年版）》指出："凸显学生主体地位，关注学生个性化、多样化的学习和发展需求，增强课程适宜性。"对教师而言，如果想要通过课堂来展现学生的主体性，那么首先就是要真正做到准确理解这一重要思想，不能只是简单地把这一思想认为是"以人为本"，抑或理解成"以学生为中心"。在课程学习的过程中，虽然应把学生当成主体，但是这个主体跟科学家、艺术家等这些主体是两种不同的概念。对学生主体而言，它具备一种特殊性，即学生是一个身体和心理发育还没有完全成熟的主体；影响学生发展的主要来源就是教育所施加的一些压力；对学生来讲，他们是以前人的经验为主。从学生自身所具有的这三个特殊性中，可以得到一些启发。

首先，由于主体的身体和心理发育还没有完全成熟，他们自身的这种体育知识和经验储备是比较有限的，因此，在进行体育教育的过程中，不能只局限

于学生的“兴趣”来展开，也不要实行所谓的“开放式教育”，什么都由着学生的喜好以及本能，而是要符合教育目标所提出的要求，使学生能够得到全面的发展，成为一个能够为社会作出贡献的人才。

其次，要明确学生具体的发展方向是什么，以及发展到怎样一种程度。

最后，在教学中要注意借鉴前人的经验，使学生能够在最短的时间内掌握前人的有益经验，让学生自身的学习能力得到一定程度的提高，同时为终身体育打基础。

二、影响高职院校体育教学发展的因素

（一）教学模式单一，创新性不足

我国高职院校体育教育事业源于20世纪50年代，虽然经过了几十年的发展已经初步取得了一些成果，但是受传统教学思想的影响，当前高职院校体育教学依然存在着教学模式单一的问题，这也是桎梏我国高职院校体育教育事业发展的重要因素。另外，虽然我国教育体制改革不断深化，但映射到体育教学上的效果却不甚明显。创新性不足，教学方式迟迟难以有效地进行改进，使课改的作用难以发挥。这些问题的具体表现如下。

1.教学内容单一

高职院校体育教学的内容在选取上虽然有逐渐增多、覆盖面越发合理的表现，但与西方发达国家相比还存在着不足，教学内容与中学体育教学存在着一定的重复性。部分学校由于自身办学资源的限制，对一些现代体育项目无法同步开设。

2.教学方式单一

受传统教学方式的影响，当前众多高职院校体育教学中依然沿用传统灌输

式教学，即教师示范、学生练习。这种单方面灌输的教学方式不仅在一定程度上限制了学生的创造思维和自主学习能力，更使体育课程仅仅成了一个个单一的动作。

（二）高职院校体育教师的专业素养偏低

教育体制改革的内涵是通过一系列的教学，使学生的综合素质得到提高。这一点与传统教学思想有明显的不同。而当前部分高职院校体育教师虽然在体育专业技能上有一定的基础，但其综合素质却往往无法达到高职院校体育教师的标准，在思想境界和文化素养上都或多或少地存在着不足。因此，影响高职院校体育教学发展的又一个因素就是高职院校体育教师的问题。另外，部分高职院校体育教师对教育改革的认识不足，没有明确教学大纲中所要求的“提高学生身体素质”和“培养学生体育素养”的内涵，在教学过程中，无法有效地利用学生主体地位的优势，导致学生学习兴趣下降，教学质量难以得到保障。

（三）先进体育理论难以与教学实践相结合

体育课程是一门实践性较强的课程，教学过程中要将体育理论充分融入实践教学，这样才能保证体育教学的有效性。然而当前高职院校体育教学中存在着一个极为严重的问题，即教师教学过程中过于注重实践联系而忽视了理论的必要性，导致学生的理论知识不足。单一地进行实践练习也使学生在教学过程中容易出现过度疲劳、产生乏味感等不良现象。这对高职院校体育教学来说极为不利，也是制约高职院校体育发展的原因之一。

三、提高体育教学质量，促进高职院校体育教学发展的对策

（一）更新教学内容，改善教学方式

教学内容与教学方式的单一性是影响高职院校体育教学发展的重要因素，要想提高体育课程的教学质量，促进高校体育教学发展，必须不断更新教学内容，并以现代先进教学理念为基础改善教学方式。在革新体育教学内容的工作中，要求学校要着眼于世界，了解世界新型体育项目并针对本学校的自身情况，合理有效地对其进行引进。避免出现多而不专的现象。同时，要发挥当地特色体育项目的优势，打造具有针对性的高职院校体育课堂。在改善教学方式的工作上，一方面，学校要加强对教师的教育，可以采取教师外出考察学习的方式提升教师的教学水平；另一方面，教师也应不断学习当前我国的教学思想，结合当前世界先进教学模式和教学方法，找到既与学校当前实际情况相吻合又能大大提升体育课程教学质量的教学方式。

（二）从科学的角度重塑教学理念

教学理念是学校办学水平与教师教学水平的重要表现形式，更是影响教学质量的重要因素，因此要想推动高职院校体育教学的发展，就应在传统教学理念的基础上不断创新，找到传统教学理念与现代教学理念相兼容的部分，去粗取精，对其进行合理、科学的改善。只有保证教学理念的科学性才能从根本上满足当前高职院校体育教学的需要，促进体育教学的发展。例如，在教学过程中教师应摒弃传统教学理念中提到的以竞技体育为目标的教学思想，现代高职院校体育教学极大程度上是为了提高学生的身体素质，保证学生的综合素质能够全面提高，并非传统观念中所说的体育要分输赢，要分高低。

第二节　高职院校体育课程教学质量提升策略

一、完善体育教师队伍结构与相关待遇机制

学校应优化体育教师队伍，依照国家规定配足、配齐教师，从体育教师的年龄、性别、学历和职称等各方面进行改变及完善。完善体育教师职称评定机制及绩效考核机制，改变体育学科的现状和体育教师的生存境况。重视体育教师的高级职称评定，使优秀体育教师成为本校的一面招牌。同时，体育教师需要不断加强对于新课程标准的理解与感悟，以适应新课程标准下新型体育授课模式。学校应保证每位体育教师每年不低于两次的外出培训机会，以获取新的教学经验与提高教学能力，进而提高体育教师教学积极性和教学效能感。此外，还应根据国家和地方相关文件，将体育教师的补贴政策逐步落实，完善体育教师绩效工资考核机制和相关待遇机制。

二、强化体育认知，陶冶体育情操

构建以兴趣为先导、体育比赛为平台、学生参与为手段的体育认知培养模式，满足学生体育认知的多元化需求。学校一方面要提供必要的体育学习平台，成立各类体育社团，各项目体育教师在本社团内教授本项目的运动知识、技能、裁判规则知识、专项锻炼计划、国内外重点比赛解读等内容，满足学生日常体育活动与体育学习需要，构建校园的体育文化氛围；另一方面还要开展各类学校体育比赛及参与各级、各类校外体育比赛，满足学生的运动参与需求。学校

在完善自身学校体育工作的基础上，要积极与市区高职院校联合举行各类校际体育交流活动，为学生搭建展示自我的平台，在各种交流学习中检验体育课堂学习的质量与效果。

三、推陈出新，更新现有的教学内容与方法

首先，更新体育课堂教学内容。各学校应参照高职院校体育及健康课程标准所发布的体育项目，根据本地区实际情况和本校场地设施，再结合学生的具体需求，安排本校体育课堂教学内容。体育教师一方面应坚持兴趣导向教授学生正确的体育基本知识和基本技能，满足群众性体育活动的正常进行，其目的是满足大多数学生的体育运动需要；另一方面要将科学的锻炼方法及锻炼计划制定给水平较高并具有更高运动需求的学生，体育教师应该向其教授更深层次的体育运动理论与技术，避免其对所学项目出现厌学与懈怠的心理。

其次，更新体育教学方法。教学内容的更新往往会伴随着教学方法的更新，原有的那些教学方法不一定适用于当今很多新兴的体育项目，因此，体育教师更要深入研究，依据教学任务、教材特点、学生状况及教学条件，选择最恰当、最有效的教学方法。体育教师也要善于利用体育骨干，先进带动后进，构建一种积极向上的体育课堂学习氛围，加强师生、生生之间的交往活动，注意学生在学习过程中的信息反馈并及时作出反应，将体育课堂塑造成为一种学生互相交流、学习的平台。

四、教学相长，以教促学，以学强教

首先，强化教学活动中教师的服务主导地位。在教学活动中，教师是处于主导地位的，起着引导、服务的作用。教学从某种意义上说是一种服务，教师为学生服务。教师作为服务者，要充分发挥其主导地位，给予学生优质的教学

服务，做到“善教”，不仅能够满足学生的体育需求，还能提高学生的体育课堂学习满意度。

其次，强化教学活动中学生的主体参与地位。在教学活动中，学生是处于主体地位的，但是又往往受到教师主导地位的制约，导致学生的主体性无法充分发挥，学生主观能动性能否被调动在很大程度上影响了体育教学质量的高低。在教学过程中让学生主动参与，使之“乐学”，需要体育教师多加引导，从各方面激发学生的学习积极性与主观能动性。

最后，教师的主导服务地位要与学生的主体参与地位有机结合。体育教学活动是一种体育教师的“教”与学生的“学”共同组成的双边活动，只有体育教师的“教”与学生的“学”产生“教学合力”，才能真正提高体育教学质量，产生一加一大于二的效果。

五、注重课堂常规，强调课堂纪律

首先，注重课堂常规。细节决定成败，一个细节的失误可能导致一堂体育课的失败，课堂常规是体育课堂独有的、教师与学生共同遵守的一种课堂行为规范，它的存在是保证一次高质量体育课堂教学的前提。体育教师对于学生的身体条件、服装等的了解是必要的课前环节，对于课堂教学的总结是对于本节课教学情况的总体反映，而教学反思则是体育教师提高教学组织能力和获得教学经验的来源。体育教师应了解每位学生的基本情况，做到常总结、常反思，这样才能不断提升教学能力，进而提高课堂教学质量。

其次，强调课堂纪律。没有规矩不成方圆，学生上体育课应身着便于进行体育运动的服装，包括运动服、运动鞋及其他准备；并根据自己的身体状况来确定能否进行体育课。若因身体原因不能进行体育活动，应提前向体育委员报备，由体育教师统一安排见习，避免发生意外。未经体育教师允许，不得擅自离开体育教学场所，体育教师对体育课上课学生负有主要的安全责任。学生应服从上课安排、服从体育教师及体育委员的口令与信号，从上课的集合整队、清点人数，到课中的分组练习、活动、竞赛，再到下课的归还器材、安排值日生，保证体育课堂教学的顺利完成。

六、提高体育教师教学能力与人格魅力

课堂教学的核心环节就是教学实施，教师通过自身的“教”去影响学生的“学”。教师应从两个方面出发来优化课堂教学实施环节。一方面是将教学内容更加高效地传递给学生。教师首先要对自身严格要求，了解学生的运动需求，掌握更多的运动技能与体育运动知识，采用最简单、最容易让学生接受的方式，将学生感兴趣的运动技能与体育知识传授给学生。其中包含了教学内容的选择、教学方法的应用及教学实施的具体操作，这需要体育教师进行大量的学习与实践。另一方面是体育教师应将自己塑造成为学生心目中的正面形象，包括体育教师的道德形象、运动形象、人格形象，通过塑造形象逐步建立起教师威信。同时通过小组学习、合作学习、探究学习、教学比赛等活动充分调动学生参与的积极性，使学生不断克服体育学习与比赛过程中的困难，产生一定的获得感与成就感，让学生爱上体育课，将被动学习逐渐转化为主动学习，达到事半功倍的效果，从而能够提升体育教学质量。

七、重视体能练习，寻求体能发展新路径

学校体育课的目的是增强学生体质、增进学生健康，体能是学生体质的重要组成部分，体育课堂教学不能只有运动技能学习，还要以发展学生体能作为进行运动技能练习的补充。季浏教授在中国健康体育课程模式中就提出应保证每节体育课 10 分钟的体能练习时间。此外，还应安排每周一次教学比赛。体育

技能学习的目的是比赛，比赛也是对技能学习的一种展示，学校应贯彻“常学、常练、常赛”的体育教学路线，坚持每周一次教学比赛的具体安排，保证学生的参与度。

八、构建完善的教学评价体系

在构建体育课堂教学评价体系时，要运用科学的方法，更要以本校课堂教学的实际情况为依据，包括教师教学评价方法与学生学习评价方法，通过对课堂教学各指标的重要程度进行排序，进而确定各指标的权重，使对教师“教”的评价与对学生“学”的评价能够完美融入整个课堂教学评价体系。除此之外，还包括师生关系、课堂氛围、教学准备、教学效果、运动负荷、练习密度等。

九、逐步完善体育场地与器材配置

学校应根据本地区的特色与学校发展需要逐步完善体育场地，充分利用本地区的自然地理环境资源，开发后充当学校体育场地资源，但必须做好必要的安全措施。学校的体育器材应该定期检查与更换，学校应设置每年固定用于更换体育器材的相关经费。

第四章
体育锻炼的功能

“生命在于运动。”如果不经常进行体育锻炼或进行体力劳动，人的器官和组织功能得不到很好的锻炼，而人体器官和系统在长时间内不运转就会萎缩、退化，最终导致整个身体功能的早衰，而且适应能力减退和抵抗力下降，各种疾病就会接踵而来。

从本质上看，体育锻炼其实就是人类创造出来的一种相对特殊的社会文化活动，它所构建的价值体系标准，是以公平竞争为道德核心，并得到了全人类的一致认同，在众多领域都起到了不可替代的作用，如维护政治的稳定、增强人民的体质、丰富文化生活等方面。随着经济的发展和社会的进步，体育在社会中的地位会越发重要，作用也会更为明显。

第一节　体育锻炼与肌肉力量和耐力

随着人类生活水平的不断提高，体育锻炼已经成为现代社会生活中的新时尚。拥有强壮、健美的身材是人们孜孜以求的目标，但这并非与生俱来，需要经过坚持不懈的力量练习后才能获得。

一、发展肌肉力量和耐力的必要性

多数人认为，加强肌肉力量和耐力练习可增加肌肉体积并提高运动成绩，但他们并不一定真正知晓其健康价值，即减少脂肪和体重的重要意义。

增强肌肉力量和耐力可令人受益终身。研究表明，随着年龄的增加，人的基础代谢率会下降，能量消耗也在减少，体重和体脂反而会慢慢地增加。由于肌肉总量呈下降趋势，人的基础代谢率每 10 年下降 3%。不喜好运动的成年人每年约减少 0.25 千克的肌肉，增加 0.25 千克的脂肪。20 ～ 60 岁的人基础代谢率约下降 12%。一位 60 岁的普通人比 20 岁时处于休息时每天约少消耗 280 千卡的热量，每 12 ～ 13 天少消耗约 0.5 千克脂肪的热量，每月近 1.5 千克。基础代谢率下降虽少，但脂肪和体重的增加却很明显。

通过比较两位体重相同、肌肉相差 5 千克的成年人，不难得出肌肉含量较高的人基础代谢率也明显较高。一些专家指出，增加 0.5 千克肌肉每天约多消耗 30 ～ 40 千卡的热量。换句话讲，增加 0.5 千克肌肉每年消耗掉的额外热量约等同于 1.5 ～ 2 千克脂肪的热量。

通过节食或服用减肥药虽能迅速减轻体重，但这并不利于健康，并且皮肤会变得松弛。而要在减重的同时保持皮肤弹性的一个方法就是进行力量练习。但这种锻炼效果并非一日之功，应根据自己的年龄和当前的身体状况，用 12 个月或更长时间去进行有规划的有氧练习、肌肉力量和耐力练习，并搭配合理的饮食。所以，有规律的体育锻炼搭配合理的饮食比节食减肥更有利于健康。当前的研究表明，有计划的力量练习可以改善骨骼的状况，对女性来说更是如此，因为女性骨盐量和骨密度较低，力量练习可以减少钙质的流失以及预防骨质疏松的发生。

力量练习还有加强关节周围肌肉的力量，防止肌肉、肌腱和韧带的损伤等作用。因此，许多中老年人可以通过增加腰部和背部肌肉的力量与柔韧性来缓解困扰他们的腰痛病。

二、增强肌肉力量和耐力的生理学基础

人体之所以能够进行多种运动和维持各种优美的姿势，正是因为人体中的骨骼肌。它通过肌肉的收缩和舒张来保护骨骼免受外力伤害，维持人体姿态、辅助正常血液循环等。

一般来讲，增强肌肉力量练习的同时也会增加肌肉耐力。然而，在发展肌肉耐力的练习中，肌肉力量的增加则不明显。所以，肌肉力量和耐力既有联系，又有区别。下面将讨论如何发展肌肉的力量和耐力。

（一）肌肉的结构和收缩

1.肌肉的结构

肌细胞因其外形纤长，又称为“肌纤维”，是骨骼肌的主要结构单位。一块骨骼肌由大量肌纤维组成，肌纤维构成肌肉主体。肌纤维充满着平行排列的肌原纤维。肌原纤维的功能是通过收缩产生力量，是肌纤维的收缩单位，也是肌肉中的收缩成分。肌纤维外面包裹着结缔组织，称为“筋膜”。肌纤维凭借筋膜连接起来，并且与周围组织分开。

肌肉的伸缩是由粗肌丝和细肌丝间的互相滑动来实现的，但是肌丝本身的结构和长度不会发生改变。而粗肌丝和细肌丝是肌原纤维的组成结构。

肌腱是肌肉与骨骼相连的致密结缔组织，在肌肉收缩过程中起重要作用的是肌腱，是肌肉中的弹性成分。

2. 肌肉收缩

一般情况下，神经冲动会导致肌肉收缩，由脊髓当中的运动神经元所发出的神经纤维对全身的肌肉进行支配，所谓的神经—肌头连接其实就是运动神经纤维与肌纤维的交接点。对于这里面的每个肌纤维而言，它们都受到来自脊髓当中的运动神经的支配。一个运动神经元和它的神经末梢所支配的这些肌纤维，从功能上讲，其实就是一个肌肉活动的基本功能单位，也被称为“运动单位”。

运动神经主要是以冲动的形式来传递刺激，也就是冲动经过神经肌肉传到肌纤维的内部，从而引致细肌丝和粗肌丝之间滑动，引起肌肉收缩。有的时候，肌肉也会自己产生这种持续性的收缩，一般把这种现象称为“痉挛”。

（二）肌肉的收缩形式

当肌肉发生收缩的时候，会使肌肉张力和长度发生相应的变化。因此，可以针对肌肉收缩时的不同变化将其分为以下几种类型。

1. 等长收缩

等长收缩也叫“静力收缩”，是指肌肉在收缩过程中肌肉长度不变，不产生关节运动，但肌肉内部的张力增加。

听起来还是不好理解，其实就是俗话说的肌肉“绷劲”。最常见的就是平板支撑、倒立，做动作时，手臂保持不动。

以倒立为例。在倒立的时候，肢体和关节并没有活动，但是上肢的肌肉，还有肩部的肌肉，甚至腰腹部、腿部的肌肉都在做等长收缩，才能保持姿势不倒下来。虽然身体不动，但是很快就会累得肌肉发抖。

等长收缩的训练，对于提高肌肉的力量和耐力很有效果。等长收缩方式的肌力练习特点就是强度小、安全，力度可以自如控制。

2. 向心收缩

向心收缩就是肌肉收缩的过程中张力保持不变，但长度缩短（或者延长），进而引起关节活动。

比如，我们拿起哑铃在做肱二头肌弯举的时候，肱二头肌就会鼓起来，这就是肱二头肌在收缩，内部的张力没变，但是肌腹的长度缩短（所以凸起来），同时引起了肘关节的屈曲运动。向心收缩包括等张收缩和等动收缩。

（1）等张收缩。等张收缩的特点是张力大于外加阻力，但张力依旧保持恒定，肌肉长度缩短。

收缩的时候肌肉起点和止点相互接近，就是肌肉的向心性收缩，收缩的过程中肌肉的长度变短。比如，哑铃手臂弯举时。

（2）等动收缩。即在肌肉收缩过程中，一直以恒定的速度进行最大收缩。比如，在划船时，手臂一直保持着在收缩的状态中做动作，整个关节范围都在产生最大的张力。

等动收缩的特点是外部产生的阻力与肌肉用力的大小相适应。

等动收缩的优点在于，外加阻力能随关节活动的变化而精确地进行调整，使肌肉在整个关节活动范围内都能产生最大的肌张力。

3. 离心收缩

离心收缩的特点在于张力小于外加阻力，肌长度拉长。

其作用在于缓冲、制动、减速、克服重力。

和向心性缩相反，离心收缩的时候肌肉的起点和止点相互分离，收缩的过程中肌肉的长度变长。

例如在弯举时，手臂下落过程中，肌肉会用力对抗，控制速度，缓慢落下。在做跑步、蹲起运动、下楼梯、从高处跳落等动作时，相关肌群做离心收缩可避免运动损伤。在跑步运动中，当屈髋肌用力收缩让大腿抬到一定高度时，伸髋肌马上收缩来制止大腿进一步抬高。

三种收缩形式的比较如下。

（1）力量：在收缩速度相同的情况下，离心收缩产生的张力最大。

（2）代谢：当输出功率相同时，离心收缩能量消耗低，耗氧量少。

（3）肌肉酸痛：离心收缩时肌纤维会撕裂，疼痛最显著；等长收缩次之；向心收缩最轻。

很多人认为，向心收缩是最好的肌肉训练方式。肌肉的等张收缩因为肌肉本身长度有变化，又引起关节的活动，对于周围的组织刺激会比等长收缩大很多，显然能够更好地刺激肌肉生长。但是在做一个训练动作时，并不是只有某一种收缩发生。比如，在做深蹲硬拉这些多关节复合动作时，需要综合多种肌肉收缩形式来协同不同肌群。

（三）骨骼肌纤维类型

根据肌纤维的收缩与抗疲劳特征可将骨骼纤维分为慢收缩肌纤维、快收缩肌纤维和中间型收缩肌纤维三种。

1. 慢收缩肌纤维

收缩速度慢、产生的力量小的肌纤维称为“慢收缩肌纤维”，简称“慢肌纤维”。慢肌纤维又称为“红肌纤维”，因为其中的肌红蛋白含量高，毛细血管多，呈红色。慢肌纤维具有很强的抗疲劳性，适合于像走或者慢跑这类的长时间有氧运动。因其具有抗疲劳性，故慢肌纤维的作用在以维持姿势紧张工作（静力性工作）为主的肌肉中是占主导地位的。

2. 快收缩肌纤维

收缩速度快，产生的力量大的肌纤维称为“快收缩肌纤维”，简称“快肌纤维”。快肌纤维容易疲劳。快肌纤维呈白色，又称“白肌纤维”。因其有氧代谢能力低，无氧酵解产生ATP（腺嘌呤核苷三磷酸）的能力强（无氧酵解可以在无氧条件下短时间内快速产生大量能量）。像跳、急跑、举重等以速度和爆发力为主的运动，快肌纤维的代谢特征与收缩能力极其重要，因为这些运动的某一时刻需要快速的能量供应，只有通过无氧代谢才能完成这种能量供给。

3. 中间型肌纤维

中间型肌纤维是介于快肌纤维与慢肌纤维之间的骨骼肌纤维类型。其收缩速度快于慢肌纤维，但慢于快肌纤维；收缩力量比慢肌纤维大，而比快肌纤维小；抗疲劳性优于快肌纤维，而差于慢肌纤维。

（四）运动中肌纤维的募集

许多身体活动仅动员了小部分肌纤维参与收缩，如散步可能只有约30%的肌纤维参与工作。然而，由于大强度运动时肌肉要产生的力量增大，故需大量的肌纤维参与收缩。肌纤维的募集，简单来讲，其实就是增加参与收缩肌纤维的数目，让肌肉收缩的力量得到增大的这一过程。对于这两类不同的肌纤维募集的次序以及程度来讲，都是随着运动强度的不同而不同。运动强度增大或者是负荷增大之后，肌纤维的募集过程主要是从慢肌纤维到中间肌纤维，最后再到快肌纤维。当运动强度达到最大的时候，募集的大部分肌纤维就是快肌纤维。

三、决定肌肉力量和耐力的因素

（一）肌肉生理横截面积

肌肉所具有的力量主要与肌肉的生理横截面积有关。其中，影响肌纤维的生理横截面积的主要因素有肌纤维的数量、肌纤维的排列方向和每条肌纤维的横径。因为肌肉力量跟其生理横截面积是成正比的，因此生理横截面积越大，肌肉的力量就会越大。对此，练习肌肉力量的主要方式有增加肌原纤维的数量、让肌纤维变粗等，进而使肌肉生理横截面积得到增大。

（二）中枢神经系统发放冲动的强度和频率

让中枢神经系统发放冲动的强度以及频率发生变化，能够改变肌肉收缩的力量大小。中枢神经系统所支配肌肉的运动神经元的数目与其所发放的冲动以及频率是成正比的，也就是说，中枢神经系统冲动越剧烈，所支配的运动神经元的数目就会越多，反过来看，肌肉收缩的力量越大，说明参与进来的运动神经元的数量也就越多。

例如，在负重练习的早期阶段，力量增长主要得益于神经肌肉系统效率的不断增加。有实验表明，在运动员使用最大力的时候，神经系统能调动的肌纤维可以占 90%，但是对于普通人来讲，大约有 60% 的肌纤维参与进来。

（三）生物力学因素

1. 肌肉的长度

研究证明，肌肉体积的发展潜力主要依赖人体肌肉的长度（肌肉两端肌腱之间的长度），而肌肉的体积决定了一个人力量的大小。例如，有两个人，一人的肱三头肌长 20 厘米，另一人为 30 厘米，后者是前者肌肉长度的 1.5 倍，则其肌肉力量的潜力是前者的 1.5 ～ 3.375 倍。影响肌肉长度的主要因素是遗传，这对运动员的科学选材是很重要的。当然，一些药物也可以增加肌肉的体积，但对健康的危害性很大。

2. 肌肉收缩的长度—张力关系

我们把肌肉收缩前的初长度对肌肉收缩时产生的张力影响称为“肌肉收缩的长度—张力关系”。假如在肌肉发生收缩之前，就给肌肉附加一定的负荷，让肌肉被拉长，使肌肉的初长度发生改变，同时初长度会随着负荷的增加而慢慢增大，之后的肌肉收缩的效果也会越加明显。如果说，当肌肉收缩时，初长度就已经达到了收缩状态或者是过分拉长的状态，那么它的收缩效果就会越来越弱。如果想要使它的力量得到充分发挥，那么需要在肌肉发生收缩的时候，使肌肉处于一个比较适合的初长度。如踢足球前，运动员先将腿后摆，就是为了取得髂腰肌、股四头肌最佳初长度。

（四）年龄

人的年龄在一定程度上也会对肌肉的力量产生影响。如果处于少年时期，那么其肌肉的力量素质就会随着年龄的增长而增长，并于 20 ～ 25 岁达到巅峰时期；到了 25 岁之后，肌肉力量的最大值大约平均每年下降 1%；到了 65 岁之后，所具有的肌肉力量约为 25 岁时的 60%。个体的活动水平会对肌肉力量和耐力产生一定的影响。如果一个人能够坚持进行力量训练，那么他可以让肌肉力量和耐力下降的趋势得到减缓，同时也可以使体脂伴随年龄增长的趋势得到减缓。

（五）过度训练

过度进行训练不仅会对肌肉力量产生一定的负面影响，同时也会影响肌肉的耐力，甚至会导致训练者出现精神不振以及倍感疲惫的现象，严重的时候有可能会导致肌肉、骨骼等受到损伤，产生心理或者生理上的问题。因此，安排适当、有效的抗阻练习以及合理的饮食，可以将过度训练所引起的消极反应降到最低。

四、肌肉力量和耐力训练的运动处方

（一）肌肉力量和耐力训练的原则

1. 渐增阻力原则

渐增阻力原则主要是超负荷原则在肌肉力量以及耐力练习中的一种应用。虽然以上所提到的两种原则是可以相互替换的，但是，在力量训练中，最常用到的是渐增阻力原则。训练负荷如果适时地增加，那么肌肉力量和耐力也会随之不断增加，使原来的超负荷渐渐变成非超负荷，甚至是低负荷。如果在适当的时候没有适当地增加运动负荷，那么会导致肌肉力量以及耐力没有办法得到增加，所以，肌肉力量和耐力训练必须遵循的一种原则就是渐增阻力原则。

2. 专门性原则

不同的运动项目对力量、耐力的需求程度是在力量和耐力训练中要着重考虑的。第一，锻炼到的肌肉应当是在力量和耐力方面所需要去改善的肌肉。比如，训练者想缓解腰疼，那就应该增强对腰部肌肉力量的训练，如果只是单纯地锻炼上肢力量，那么对腰疼的缓解并无多大益处。第二，应当采用不同的运动强度来提高肌肉的力量和耐力。有些能够增加肌肉的力量和体积的运动并不能够增加肌肉的耐力，有些可以提高肌肉耐力的练习也对肌肉的力量增加不明显。

3. 系统性原则

力量和耐力训练应当依据用进废退的原理来全面、系统地安排。研究表明，人的练习频率、肌肉增长与其停止练习后消退的效果是成正比的，频率高、增长快的，消退也快；而频率较低、时间较长、增长缓慢的，其力量和耐力保持的时间也相对较长。诸多研究结果显示，每周进行 3 ～ 4 次训练是最好的，可以使其肌肉力量和耐力增长明显。

（二）负重练习的类型

等张练习、等长练习和等动练习这三种负重练习是依据肌肉收缩的类型来划分的。

1. 等张练习

等张练习即等张性力量练习，是指肌肉以等张收缩的形式进行负重或不负重的动力性抗阻练习，又称为“动力性练习”。

等张练习是最常用的力量练习法。等张练习具有有效地发展动力性力量，改善神经肌肉协调性的优点，但是其不足之处在于整个动作过程中并不能保证肌肉每次收缩的负荷都相等，而在某些关节运动角度上很容易使肌肉负荷不足。

2. 等长练习

等长练习即等长性力量练习，是指肌肉以等长收缩的形式使人体保持某一特定位置或对抗固定不动的阻力练习。又称为“静力性练习”，它能有效地发展静力最大力量和静力耐力。

3. 等动练习

借助专门的等动训练器在动力状态下完成的练习方法为“等动练习”。在等动练习中之所以肌肉能产生较大的张力，是因为关节运动在各角度上均受到了相同的较大负荷。

等动练习是一个相对比较新的力量练习方法。其优点是可以使肌肉在所有范围内得到训练，能够在较短时间内使肌肉力量显著提高，适用于游泳运动员在陆地上进行力量训练。其不足之处是运动速度会受到控制，因此限制了爆发力的发展，很难适应大多数专项技术的要求。

（三）影响肌肉力量和耐力训练效果的若干因素

增强肌肉力量和耐力的基本手段为负重抗阻练习，而肌肉力量和耐力训练的效果又与训练中的多种因素有关。

1. 最大重复次数和组数

在肌肉力量和耐力训练中常用RM（Repetition Maximum，最大重复次数）来表示运动强度，而不是用心率来加以推测。负重力量练习的持续过程是用组数（Set）来说明的，并不是用时间单位来表示。

RM是指在衡量负荷大小时，在进行某一重量训练的时候，一次连续练习的最大重复次数。比如，练习者对某一重量最多只能够连续举起5次，则表示该重量对其来说是5RM。但是如果重量较轻，练习者最多能够连续举起16次，则该重量对其来说是16RM。由此可见，RM并不能反映重量的绝对值，只能够表示某一重量的最大重复次数。

一次无间歇的最高重复次数的训练称为“一组”，也就是Set。比如，练习者对某一重量只能连续举起11次，那么11次就算一组。组数的多少受多种因素的影响，训练目的不同，训练的组数可有差异。一般认为，一次训练可在3～6组，再依据渐增阻力原则，随着肌肉力量和耐力的增强而增加对某一重量的重复次数。例如，肌肉力量的运动处方为3Set、16RM，经过一段时间的训练后，肌肉力量增加，该重量的重复次数可达到18次，就应增加练习重量。在根据练习者的不同情况增加不同的练习重量时，一般每次可以增加当前重量的10%上下。

2. 每组训练的间隔时间

一般以肌肉能完全恢复所需的时间来决定力量训练各组间的间隔时间。肌肉在停止训练后恢复50%一般只需要3～5秒的时间，而在2分钟时就可以完全恢复。训练目的不同，那么训练的间隔时间也会有所不同，如果是为了增强肌肉的力量，训练的间隔时间一般不太重要，1 分钟左右即可；如果是为了增加肌肉的耐力，在 1 ～ 5 周的训练中间隔时间一般为 2 分钟，而到了 6 ～ 8 周，应当从 2 分钟逐渐减少至 30 秒。

3. 每次训练的间隔时间

如果是进行全身的肌肉训练，取得最佳的训练效果的训练间隔时间为隔 1 天为宜。因为如果休息时间过短，身体就不能完全恢复，反而会影响训练效果。如果每天都在坚持力量训练，那么每天应训练不同的肌肉群。例如，每周的一、三、五练习下肢力量，二、四、六练习上肢力量。但同时也应注意，间隔时间不能超过 4 天，否则，训练获得的肌肉力量和耐力便会消退。

（四）制订发展肌肉力量和耐力的计划

所有的训练应有短期目标和长期目标之分，确定目标对保持训练的兴趣和热情非常重要。所设置的短期目标应在最初的几周训练中能够达到，这可以激励练习者进一步实现长期训练目标。

1. 制定运动处方

运动处方可分为开始、慢速增长和保持三个阶段。

（1）开始阶段：根据循序渐进的原理，在计划的开始阶段采用较轻的重量。因为如果一开始就举最大重量，会增加肌肉和关节损伤的危险；而采用过轻的重量又无法起到锻炼肌肉的作用。可以在原选定的重量能轻松自如地重复 10 次的时候增加重量，但是如果练习者不能重复举起 10 次，则说明该重量过大。

开始阶段持续的时间是依据练习者最初时的力量水平来确定的，一般持续 1 ～ 3 周。而不同的人所需的时间也有所不同，初练者可能需要 3 周，而经常训练的人会相对少一点，1 ～ 2 周即可。

（2）慢速增长阶段：经过开始阶段的力量练习，肌肉已经适应训练动作后，就可以增加重量。当肌肉力量进一步增强时，可再次增加重量，直至达到练习者预定的目标。

（3）保持阶段：根据用进废退的原理，获得的力量是会在停止训练后自然消退的。研究表明，肌肉力量增长后，为保持原增长水平，只需每周训练一次即可。但是如果完全不训练，则原增长水平会在30周后完全消退。

2. 力量训练的注意事项

（1）注意力量训练的安全。在进行力量训练时一定要注意安全。例如，当运用杠铃进行力量练习时，必须有同伴帮助完成，同伴可以在练习者不能完成练习的情况发生时实施保护。

在进行负重训练之前应充分做好准备活动，防止训练中遭受损伤。在进行负重训练时，如果感觉到任何尖锐的刺痛，应立即停止训练；应尽量避免憋气，可采用口鼻呼吸，在举起阶段呼气，在放下时吸气。

虽然在是采取快速还是慢速举起重量能获得更大力量的问题上仍存在着争议，但慢速举起重量可以减少受伤的可能性是大家一致认同的。

（2）做好准备活动和放松活动。人体就像大多数机器一样，刚启动时无法达到最高的效率。要使肌肉充分发挥功能，并避免造成伤害，就需要热身，即做好准备活动。即使是体能状况良好的人，如果猛然迫使肌肉拉伸或收缩，也有可能受伤。负重练习的准备活动一般包括4～5分钟的慢跑、6～8分钟的拉伸活动和3组15～20RM。如果练习者打算举最大重量，还应增加准备活动的组数。

训练完成后，为了让身体在几分钟内逐渐冷却下来，可进行走动和伸展运动等放松活动。如果运动突然中断，留在肌肉内的乳酸可能会引起肌肉痉挛，也可能会使肌肉在以后的几天中更加疼痛。而适当的放松活动可有效避免上述问题，因为其可以使血液持续地流经肌肉，并通过血液循环把肌肉细胞堆积的乳酸带到肝脏后分解。放松活动一般持续 4 ～ 5 分钟即可。

（3）注意完成动作的速度。在进行负重练习时，动作还原阶段的速度应比主动用力阶段慢一半。以卧推为例，如果举起的动作用 1 秒钟，放下还原阶段就要用 2 秒钟，这样可使一次负重练习得到二次（举起和放下）肌肉锻炼。如果在还原阶段过快地放下重量，肌肉就不能在还原阶段又一次得到有效的锻炼。

（4）注意练习时的呼吸。在主动用力阶段呼气，在还原阶段吸气。如果训练时呼吸频率太快，就会破坏呼气、吸气的节律性。

应避免在主动用力阶段屏住呼吸，屏气会导致回心血量和流入大脑的血流量减少，从而产生头昏眼花的现象。

（5）合理安排训练顺序。疲劳的发生与训练的顺序有关，合理的安排可以有效防止疲劳的产生。因为小肌群比大肌群较早产生疲劳，所以在安排时应先安排大肌肉群的训练，再安排小肌肉群的训练。

另外，为了保证肌肉在每次训练后有充足的恢复时间，在安排时不要在两个相继的训练中使用同一个肌群。

（6）了解自己的极限。运动要安全，很重要的一点就是留意所出现的警告信号。这些信号往往是运动量过大或身体某部分受伤的反应。有些人急于奏效而竭尽全力，反而遭受伤害。即使专业的运动员也会因过度训练而受到意外伤害。

在训练结束后，若肌肉出现酸痛、僵硬感，直到下次训练前这种感觉还没有消失，则要注意这是过度训练给出的警告信号。有针对性的处理方法为延长训练间隔时间，让肌肉充分恢复。此外，还要做好准备活动和训练后的放松活动。

（五）肌肉力量和耐力训练的生理适应

1. 力量训练的生理变化

力量训练可以增大骨骼肌体积和增加肌纤维募集数目。

力量训练使骨骼肌体积增大主要取决于饮食、肌纤维类型（快肌纤维的肥大比慢肌纤维明显）、血睾酮水平和力量训练的种类等因素。

研究表明，力量训练对心肺功能的改善不明显，但有规律的力量训练对身体的组成成分和柔韧性的改善有积极的作用。对大多数人来说，严格的力量训练可以减少身体的脂肪并且增加骨骼肌的体积。如果在力量训练中，练习者尽可能地加大关节的活动范围，关节的柔韧性也可以得到改善。

2. 负重训练后力量增加的速度快慢

肌肉力量增加的速度快慢取决于练习者开始力量训练时的水平。未经训练的人经负重训练后力量的增加速度比中等训练水平的人要快。这无疑增强了初练者对力量训练的信心。

3. 力量训练反应的性别差异

肌肉的力量和耐力对男性与女性都同样重要，但许多女性由于担心力量训练会造成发达的肌肉块，而不敢进行肌肉力量和耐力的练习。其实，这种担心并没有科学依据。一般来说，女性通过负重训练是不会获得明显的肌肉块的。

男性与女性力量练习反应效果的基本差别在于肌肉的肥大程度。尽管力量和耐力的改善程度相近，但女性肌肉的维度增加远远小于男性。这是因为肌肉的功能性肥大取决于睾酮水平，尽管女性体内也含有睾酮，但其含量非常少（男性是女性的 20 ～ 30 倍）。如果女性体内睾酮水平很高，就会表现出男性特征，如长胡须、体毛增多、声音低沉等，并具有发展肌肉块的潜力。睾酮对于合成代谢和组织生长有很强的作用。

一般而言，在进行 12 周的常规力量训练后，以力量增加的百分比为标准，女性力量增加明显大于男性，但不一定伴有明显的肌肉肥大，然后力量的增加达到高原期。若继续进行力量训练，力量增加则不明显。但在长期力量训练后，男性的平均肌肉体积增加大于女性。

第二节　体育锻炼与心肺功能

一、体育锻炼时的能量供应

体育锻炼时所需的能量来自营养物质的化学能。但营养物质不能直接为细胞提供能量，它储存的能量必须经过释放转变成含有高能磷酸键的化合物，后者释放的能量才能被细胞利用。在人体内可以作为肌肉收缩的直接能源的只有 ATP。但人体内 ATP 的含量很少，依靠肌肉的 ATP 作用只能维持 1 秒钟左右，因此只有不停地合成 ATP 才能满足肌肉收缩的需要。在体内有两种系统可以合成 ATP：一种是在无氧条件下产生 ATP，称作“无氧供能系统”；另一种需要氧的参与，称作“有氧供能系统”。

（一）无氧供能系统

在无氧或氧供应不足的情况下，ATP 和 CP（磷酸肌酸，属高能磷酸化合物）分解供能及糖酵解供能的过程称为“无氧供能”。分解供能的能量称为“非乳酸能”，糖酵解供能的能量称为“乳酸能”。

在运动开始时，所有能量都由 ATP 和 CP 供给，属非乳酸供能。ATP 和 CP

的分解不需要氧也不产生乳酸。CP是由肌酸合成的高能磷酸化合物，存在于肌浆中，含量是ATP的数倍，CP在酶的作用下可迅速分解，使ADP（二磷酸腺苷）合成ATP。非乳酸供能是短时间、大强度运动的主要供能方式。

当肌糖原或葡萄糖分解为乳酸时放出能量，属乳酸供能，此能量由ADP接受，合成ATP。乳酸供能产生乳酸，乳酸的积累可导致疲劳。乳酸供能是速度与耐力等体能的基础，人在从事时间较长、运动强度大的身体活动时，乳酸供能比例较大。

（二）有氧供能系统

有氧供能是指在氧供应充足的情况下，葡萄糖或肌糖原等糖类和脂肪被氧化成二氧化碳与水，并释放出大量能量的过程。有氧供能能够释放出大量能量，供ADP再合成ATP。并不是只有糖类和脂肪可氧化供能，蛋白质也可氧化供能，但比例较小。随着时间的不同，供能物质的比例也会有所不同。比如，在运动初期，糖是主要的供能物质，但是随着运动时间的持续，脂肪供能比例增加，蛋白质也将参与供能。耐力运动的基础就是有氧供能。

人体在不同的运动强度下，依据需氧量的不同所表现出来的功能方式不同，即有氧供能和无氧供能紧密相连、不可分割，只是比例有所不同而已。例如，持续10秒以内的最大强度运动几乎完全依靠无氧供能；持续几十分钟甚至几小时的运动，有氧供能占主导地位；而在800米跑中，有氧供能和无氧供能的比例相差不大。

二、体育锻炼与心肺系统

（一）心肺系统简介

心肺系统是指在功能上有密切联系的循环系统和呼吸系统。它负责把氧气和营养物质运输到组织，同时把二氧化碳等代谢废物排出体外。体育锻炼时，骨骼肌代谢增强，需氧量增大，机体通过调节使心肺系统活动加强以满足运动的需要。

1. 循环系统

循环系统是由心脏和血管组成的管道。心脏实际上是由两个分开的血泵构成的：右心，泵血通过肺，称为“肺循环”；左心，泵血通过身体其他各部分，称为“体循环”。

体循环把含氧量丰富的动脉血送至身体各部分，并通过毛细血管与组织进行气体（氧气和二氧化碳）和营养物质的交换，交换后动脉血变为静脉血，通过静脉回流至心脏。肺循环把静脉血泵至肺部，静脉血在肺部结合氧气、排出二氧化碳，重新成为动脉血并回流至左心。

心脏每分钟所泵出的血量称为“心输出量”，正常成年男子安静时的心输出量约为 5 升/分，剧烈运动时可达 20 升/分，而训练良好的马拉松运动员为 35 ～ 40 升/分。心输出量与心率（心脏每分钟跳动的次数）和每搏输出量（心脏收缩 1 次的射血量）有关。体育锻炼时，心输出量会因心率或每搏输出量的增加而增加。

血压是指血液通过动脉时对血管壁造成的压力。通常用血压计在肱动脉处来测量血压。收缩压是指心脏收缩时血压达到的最高值；心脏舒张时血压达到最低值，称为“舒张压”。

2.呼吸系统

进行气体交换是呼吸系统的主要功能。吸一口气，空气进入肺，氧气扩散至血液，二氧化碳由血液扩散至肺并通过呼气排出体外。

最大摄氧量是指人体运输和利用氧的最大能力，是反映心肺功能最有效的指标。在不同强度下运动时，机体耗氧量是不同的，在摄氧量未达到最大摄氧量之前，摄氧量与运动强度成线性关系，因此，常用最大摄氧量的百分比表示运动强度。最大摄氧量代表心肺系统输氧能力的生理极限。

（二）体育锻炼时心肺系统功能的变化

体育锻炼时随着机体需氧量的增加，循环系统和呼吸系统通过不同调节机制增加摄氧量以满足机体对氧的需求。

1.循环系统

运动肌肉血流量的增加是为了满足体育锻炼时机体对氧的需求，是心输出量增加和血液再分配的结果。

运动时内脏血流减少，而运动肌肉血流却增加，这种现象称为“血液再分配”。心率的加快和每搏输出量的增加包含在心输出量的增加当中。

心率和摄氧量相同，都与运动强度成正比，即运动强度越大，心率越快，但这些都是基于未达到最大摄氧量之前。同时，由于心率很容易测定，因此测量心率被认为是确定运动强度的标准方法之一。体育锻炼时，舒张压变化不大，但是收缩压在增加。收缩压的增加可以使血液向运动肌肉的流动加快，因此不仅可以运输更多的氧，而且可带走更多的代谢废物。

2.呼吸系统

维持动脉血内氧和二氧化碳的恒定是呼吸系统的主要功能。身体运动时为了摄入更多的氧气和呼出更多的二氧化碳，其呼吸频率就会加快。当运动的强度小于50%最大摄氧量时，呼吸频率与运动强度都按比例增加；当超过50%最大摄氧量后，呼吸频率迅速增加，以摄入更多的氧和呼出大量的二氧化碳。

三、提高心肺功能适应水平的运动处方

提高心肺功能适应水平具有多方面的意义。首先，可以减少患心脏病的风险；其次，可以减少患2型糖尿病的危险，降低血压、增加骨骼密度；最后，心肺功能适应水平越高，人的精力和体力就越充沛，因此不易疲劳，能够完成更多的工作。此外，睡眠质量更好的人其心肺适应水平也更高。

（一）运动处方的主要内容

了解自己的心肺适应水平和健康状况是在制定运动处方之前必须做的。运动处方中的主要内容应包含准备活动、锻炼模式和整理活动三个部分。

1. 准备活动

加快心率、升高体温，并增加肌肉的血流量是准备活动的主要目的。进行5～15分钟的舒缓运动，使机体逐渐适应剧烈运动是准备活动常用的方式。选择不同的锻炼方式，相应的准备活动的具体内容也会有所不同。如选择跑步作为锻炼方式，可按以下步骤进行准备活动。

（1）1～3分钟的健身操（或类似的活动）练习。

（2）1～3分钟的步行，心率控制在比平时高20～30次/分。

（3）2～4分钟的拉伸练习。

（4）2～5分钟的慢跑并逐渐加速。

2. 锻炼模式

锻炼模式包括锻炼方式、锻炼频率、运动强度和持续时间等，是运动处方中最主要的内容。

（1）锻炼方式。在日常的生活中，有很多常见的能够增强人们心肺功能适应水平的锻炼方式，如步行、慢跑、骑自行车和游泳等。只要有大肌群参与的节奏比较慢的运动，都可以被当成锻炼方式。

在选择自己喜欢的运动之前，首先需要考虑的就是锻炼方式，其主要原因在于当一个人在参与自己非常喜欢的一种活动的时候，坚持下去的可能性就会越大，然后再去考虑它的可行性以及安全性。一般来说，节奏性比较强的一些运动会更容易让锻炼者受伤。因此，对于容易受伤的人而言，更适合节奏性和冲击力较弱的运动。

就目前来讲，比较推崇综合性的锻炼方式，即一次锻炼里包含了多种不同的训练内容。因为比较单一的锻炼方式会让锻炼者感到无聊、枯燥，并且受伤的可能性会更高。

（2）锻炼频率。在锻炼心肺功能适应水平的时候，最好是每周进行 2 次锻炼，如果是想要使心肺功能适应水平达到最大限度，那就需要每周进行 3 ～ 5 次的锻炼，同时也可以使受伤的概率大大降低。需要注意的是，锻炼频率并不是越高越好，即使每周超过 5 次锻炼，也并不能提高心肺功能适应水平。

（3）运动强度。运动强度接近 50% 最大摄氧量时即可增强心肺功能适应水平，故常把这一强度称为“锻炼阈”。目前推荐的运动强度范围为 50% ～ 85% 最大摄氧量。

在确定运动强度时，相较最大摄氧量指标，心率指标更为实用，因此常用心率间接地表示运动强度。要想有效地引起机体的适应，就要达到并超过一定的运动强度，而该强度对应的心率称为“目标心率”。常用最大心率的百分比来表示目标心率。50% 和 85% 最大摄氧量的运动强度所对应的心率值分别为 70% 和 90% 最大心率，因此目标心率是 70% ～ 90% 最大心率。例如，年龄为 20 岁的大学生目标心率的计算方法如下：

最大心率＝220−20＝200（次/分）

200×70%＝140（次/分）

200×90%＝180（次/分）

故其目标心率为 140 ～ 180（次/分）。

应该指出的是，目标心率是一个范围，故有时也称“目标心率带”。

（4）持续时间。在不包括准备活动和整理活动的前提下，一次锻炼的持续时间为 20 ～ 60 分钟时对于提高心肺功能适应水平是最有效的。由于每个人的适应水平和运动强度有所不同，故最佳的锻炼持续时间也有所区别。例如，一个适应水平高的锻炼者需要 40 ～ 60 分钟才可以提高心肺功能适应水平，而适应水平较低的锻炼者只需要 20 ～ 30 分钟即可。同理，为增强心肺功能适应水平，低强度的锻炼要求的练习时长自然要大于高强度的练习时长。若以 50% 最大摄氧量的强度进行锻炼，能够有效提高心肺功能适应水平需要 40 ～ 50 分钟；而以 70% 最大摄氧量的强度进行锻炼，可能仅需 20 ～ 30 分钟。

3. 整理活动

整理活动是每次完整的锻炼都应有的。其主要目的是避免因为血液过多地分布在上肢和下肢而造成头晕或者昏厥等现象，促进血液回流至心脏。整理活动还具有减轻剧烈运动后的肌肉酸痛感和心律失常等作用。整理活动至少应包括 5 分钟的如步行、柔韧性练习等的低强度练习。

（二）制定个体运动处方

每个提高心肺功能适应水平的运动处方都应包含起始、渐进和维持三个阶段。

1. 起始阶段

在起始阶段，大部分人热情满满、期望很高，容易导致锻炼初期运动量过大，然后开始出现肌肉酸痛和过度劳累等现象，以致动摇了坚持锻炼的信心。由此可见，在起始阶段不能把目标设得太高，这一阶段最重要的是让机体慢慢适应运动强度，可根据不同适应水平持续 2 ～ 6 周。

同样，每次锻炼包括的准备活动、锻炼模式和整理活动也是起始阶段所应该具备的，但是该阶段的锻炼强度不应该超过 70% 最大心率。起始阶段锻炼时应注意以下几点。

（1）在以某一强度锻炼时应比较轻松。

（2）感觉不适时不要延长运动时间。

（3）有疼痛或酸痛感时应停止运动，让机体充分恢复。

2. 渐进阶段

在渐进阶段，锻炼的强度、频率和持续时间都应该逐步增加。即使每个人所定的目标不同，也应该达到 3 ～ 4 次 / 周的锻炼频率，而且每次锻炼时持续的时间不少于 30 分钟，强度也应该达到 70% ～ 90% 最大心率。这一阶段需持续 10 ～ 20 周，时间会比较长。

3. 维持阶段

练习者通过 16 ～ 28 周的锻炼即进入维持阶段。在这一阶段，已经没有必要继续增加运动量，因为这一阶段基本已经达到锻炼目标了。但是这一阶段应特别注意要保持多大的运动量才可以防止心肺功能适应水平的下降，并维持已有的锻炼效果。运动强度是维持心肺功能适应水平的主要因素。以下几种情况说明维持阶段的锻炼可以保持锻炼效果：运动强度和锻炼持续时间都维持在渐进阶段最后一周的水平，锻炼频率降至 2 次 / 周时，心肺功能适应水平无明显降低；保持渐进阶段的锻炼频率和强度，锻炼时间减至 20 ～ 25 分钟，心肺功能适应水平无明显降低。

四、耐力练习对心肺适应的作用

（一）耐力练习的有效方法

1. 综合练习

综合练习是由几种不同的锻炼内容组成的锻炼方法。比如，第一天跑步，第二天骑自行车，第三天游泳。综合练习能够避免日复一日地进行同一种练习的枯燥感，而且能够防止过度使用身体的某一个部位。

2. 持续练习

持续练习是指长时间、长距离、慢节奏和中等强度（约 70% 最大心率）的锻炼方法，也是心肺锻炼方法中最受欢迎的一种。同较大强度的运动相比，持续练习引起受伤的可能性较小。

3. 间歇练习

间歇练习是指重复进行强度、时间、距离和间隔时间都较固定的锻炼方法。间歇练习持续的时间各不相同，但一般为 1 ～ 5 分钟。每次练习后都有一个休息期，休息期的时间与练习时间相等或稍长于练习时间。

有一定耐力基础和希望能获得更高适应水平的练习者或运动员常用这种方法。间歇练习同持续练习相比，它使人能完成的运动量更大，并且锻炼的方式有所变化，能减少其他锻炼方式容易造成的冗长与枯燥感。

（二）耐力练习的益处

耐力练习可提高机体多个系统的功能，如循环系统、呼吸系统、骨骼肌和供能系统等。

1. 循环系统

耐力练习虽然不能改变人的最大心率，但个体与锻炼前相比，中等强度运动时的心率降低。心率的降低是由每搏输出量的增加引起的。此外，耐力练习还可以使最大心输出量升高。最大心输出量的增加可使锻炼的肌肉得到更多的氧气，也使耐力得以提高。

2. 呼吸系统

肺结构或呼吸系统功能不会因为耐力训练而改变，但是耐力训练可以使呼吸肌耐力增加。由此，膈肌和其他主要的呼吸肌等就能进行更长时间的工作。呼吸肌耐力的增加可减少锻炼时喘不过气来的感觉，并消除锻炼中有时发生的肋部疼痛。

3. 骨骼肌和供能系统

耐力练习可增加骨骼肌有氧供能能力，也使练习者利用脂肪的能力增强。但只有被锻炼的肌肉才会出现这种适应，如自行车锻炼可增加腿部肌肉耐力，但上肢肌肉耐力并不会明显提高。耐力练习虽然能够提高肌肉的耐力，却不能增加肌肉的力量和肌肉体积。

4. 最大摄氧量

衡量心肺适应水平最好的指标就是最大摄氧量。研究显示，最大摄氧量增加 10% ～ 30% 需持续 12 ～ 15 周的耐力练习。骨骼肌有氧能力和心输出量共同增加才能有效增加最大摄氧量。锻炼初期的适应水平、运动强度及营养状况也会影响最大摄氧量增加的幅度。

初始值低的练习者的最大摄氧量增加幅度要大于初始值高的练习者，而最大摄氧量的生理极限是造成这种现象的主要原因，初始值低的练习者比初始值高的练习者的最大摄氧量与生理极限的距离更远。

运动强度会直接影响最大摄氧量增加的幅度，与低强度、短时间的运动相比，大强度的运动更能引起最大摄氧量更大幅度的提高。然而，在运动强度与最大摄氧量的增加幅度之间存在着一个平台，即当达到一定强度后再增加强度并不能进一步提高最大摄氧量。

锻炼期间的营养也会影响最大摄氧量的增加，合理的营养应包括维持体能和健康所必需的营养成分。

5. 柔韧性

耐力练习并不能提高身体的柔韧性，相反，耐力练习可能导致肌肉和肌腱的缩短，从而使某些关节的活动范围缩小。因此，为预防柔韧性的减退，在耐力练习计划中应包括拉伸练习。

（三）坚持耐力练习

调查显示，每年都有成千上万的人进行耐力练习，但近半数的练习者在最初的 6 个月中就放弃锻炼了。中途退出的原因很多，但主要集中于退出者称没有时间继续锻炼以及耐力练习缺乏趣味性。然而，抽时间锻炼还是可能的，关键是要有一个合理的计划，并持之以恒。此外，同朋友一起锻炼可使耐力练习变得有趣，有助于练习者坚持进行锻炼。

第三节　体育锻炼与体重控制

目前我国大学生中超重和肥胖的比例迅速增长，占总体 20% 以上，男生更达到 28%，这个问题非常突出。超重和肥胖症会引发一系列健康、社会和心理问题。它不仅影响身体的曲线美，而且还是心血管、高血压、糖尿病、某些癌症和其他一些慢性疾病的重要危险因素，严重影响到大学生体质健康；同时，有一些肥胖症患者，因在学习、生活中受到歧视和对自身体形不满意而产生自卑感，导致自杀率高、结婚率低等社会问题。肥胖还是一种由多因素引起的慢性代谢性疾病，早在 1948 年世界卫生组织已将它列入疾病分类名单。主要危害表现在以下几点。

一是影响智力水平。青少年肥胖并不等同于单纯的营养过剩和健壮，长此以往会对大脑造成影响和伤害，甚至导致大脑变得迟钝，形成“肥胖脑”，致使大脑沟回紧紧靠在一起，皱褶减少。这样，青少年的神经网络发育会变差，智力水平也会随之降低。

二是影响身体发育。由于肥胖会影响青少年正常运动，所以会导致身体发育受到影响，甚至导致无法长高。

三是影响心理发育。如果青少年长期处于肥胖的状态，很容易招来身边人的歧视，导致心理受到影响。另外，由于肥胖本身会影响外形，所以肥胖的青少年会比较容易出现自卑情结，影响社交。

四是导致高血压。不少人都会以为高血压和肥胖没有关系，其实不然。如果长期处于肥胖的影响之下，身体的各项机能都会发生改变，在这个时候高血压就会出现。

造成人体肥胖的因素有很多，如遗传因素、幼年肥胖、内分泌失调、水平低的基础代谢率、摄取过多热量等，但是在控制体重上起到关键作用的是身体活动。刻意安排适量的运动，在体重控制上有很大帮助。运动不仅可以抑制食欲、减少进食、增加脂肪的消耗，还可以减少非脂肪成分的流失。在人体生长发育的不同时期运动，对于体重控制可达成不同效果：成长期的运动可减少脂肪细胞的数量，成年期的运动可减少脂肪细胞的体积。人体在不同时期有不同的理想体重，即体重的基础点。而有计划、有规律的运动有助于调整体重的基础点，并可以长期维持科学合理的体重。

一、饮食控制法

日常生活中我们不能通过单纯的节食或禁食来控制体重，而是要合理安排饮食，采取调整饮食结构、限制热量摄入、改善饮食方式及控制食量等科学的、综合的饮食计划，以降低体重和减少脂肪比例。

（一）食用低热量、高营养素的食物

饮食中的脂肪含量过多、热量过高是导致体重增加和肥胖的最重要的饮食因素之一。研究发现，相较于高碳水化合物饮食，高脂肪饮食更容易引起肥胖；吃蔬菜少或者粗粮少的食物对肥胖的发生相当是助了“一臂之力”；此外，还有嗜吃甜食、零食以及晚餐进食过多等都容易引起肥胖。所以要调整饮食结构。首先，应减少饮食中碳水化合物、脂肪的比例和含量，限制热量的总摄取量，选择食用低糖、低脂食品并少食高糖、高脂食品；其次，提高蛋白的摄入量并注意补充维生素、矿物质、微量元素及食物纤维等营养丰富的食物，多食蔬菜、水果。做到既减体重，又不失营养平衡，保证机体正常的生理需要。

（二）适当控制食量

控制食量不等于单纯的节食或禁食，而是在合理调整饮食结构的基础上，适度控制进食总量。食量控制以既有饥饿感，但又不影响正常的活动精力和体力为宜。控制饮食要循序渐进、逐量递减。一般来说，若有偏重和肥胖的倾向时，将食量降至平时正常需要量的 60% ～ 70% 即可。

如果采用一味的禁食或单纯的节食的方式来限制热量的摄入，将会因摄入的糖、脂肪及其他各种营养素过少，难以满足人体正常的活动需要而造成营养

不良，进而严重影响人体健康。此时即便出现了体重的减轻，往往也不是脂肪的减少，而主要是水分和肌肉组织的减少。因而单纯的禁食或节食是不科学的，也是很危险的。

（三）保持良好的饮食习惯

保持良好的饮食习惯是科学的生活方式的重要组成部分，也是有效控制体重中不可或缺的环节。它包含了以下几个方面的内容。

（1）少吃多餐。可以适当增加进餐次数，如一日可进餐 4 ～ 6 次，但总热量须在限度以内，避免少餐多吃。这样不仅可以减少进餐后胰岛素的分泌和体脂合成，也可使胃的容积缩小，减少饥饿感。

（2）放慢进餐速度，细嚼慢咽。这样可以有效减少进食量，以及进餐速度过快而造成的多吃。

（3）进餐后要进行适当的活动，避免即睡或静坐不动。这样可以使食物特殊动力作用的热能消耗比平时增加 2 倍。

（4）改进烹饪方式以减少盐的摄入量，少煎、炸，多拌、煮，在保证安全卫生的基础上能生吃的尽量生吃。

（5）少吃刺激食欲的食物，如辣椒、味精等。

（6）适量饮茶，戒酒或者少饮酒。因为酒精是高热量食物，少饮或不饮含酒精的饮料、咖啡等。

（7）预先了解与自己所需要的营养成分有关的食物有哪些，做到对摄入的营养素心中有数。

二、运动控制法

研究发现，经常进行有氧运动，创造并维持机体能量摄取与消耗的负平衡状态，可逐步消除多余体脂，有效改变身体成分，达到减轻肥胖、降低体重的目的。

运动不仅可以增加能量的消耗，还可作用于神经分泌系统，使之改善对脂肪代谢的调节，促进脂肪的分解，减少脂肪合成。如运动时肾上腺素分泌增加，脂解激酶释放增加，从而使甘油三酯的水解过程加强；减少胰岛素的分泌，从而使体内的脂肪合成减少；提高血液中葡萄糖和游离脂肪酸的利用率，使剩余的葡萄糖被消化，不转化为脂肪，并使脂肪细胞释放出大量的游离脂肪酸。

但是，不是任何运动都能达到控制体重的目的，必须符合下面的条件才能有效。

（一）达到中等负荷强度

中等负荷强度的运动最好是心率 110 ～ 130 次 / 分钟。如果强度过大，摄氧量以心率计为每分钟 80% 以上，能量消耗是以糖为主，此时反而抑制脂肪组织中脂肪酸的释放，肌肉氧化脂肪的能力也较低。机体热能消耗不多从而达不到热能负平衡时，也就是负荷强度小，是起不到减肥的作用的。

（二）持续较长时间

进行中等强度运动时，最开始并不会消耗脂肪，因为从脂肪释放出热量并运输到肌肉，需要一定时间，一般至少 20 分钟。因此，至少需要持续运动 30 分钟来消耗体内脂肪，1 ～ 2 小时更好。

（三）经常性运动

经常性运动可使体内发生一系列的适应性变化，对消耗体内的脂肪有着积极作用。运动并不限制具体的项目和形式，如竞走、慢跑、打球、骑自行车、游泳、跳舞等均可。

同时也应注意减轻体重与减少体脂并不相同。实验证明，经常性的有氧运动结合适当且科学的饮食计划，是减少体脂、控制体重的最佳方法，它能使体重减少部分更多的是脂肪组织，而非肌肉组织。对于重度肥胖者而言，在严格实行长期热量摄入限制时，运动所引起的体内热能消耗和散失远比单纯饮食控制效果要好，且体重降低明显，保持较低体重的时间更长、呼吸循环系统耐力增加。

总之，有效控制体重、保持理想的体脂比例，是一个长期的过程，其关键在于要有乐观向上的人生态度，持之以恒地参加运动锻炼，保持良好的饮食习惯及健康科学的生活方式。

第四节　体育锻炼与社会适应能力

一、良好社会适应能力的基本要求

“适应”一词原本是生物学科的名词。人类在生存的过程中，不仅需要适应自然环境中的湿度、气压、温度等环境因素，也要适应社会环境。人的一生中，都在不停地适应外界环境所发生的改变，尤其是对某些社会环境所采取的行为以及态度，我们就把其称为“社会适应”。包括对风俗习惯的适应、对风土人情的适应、对生活方式的适应、对人际关系的适应、对价值观念的适应等。人对社会环境的适应有接受、忍耐、顺应、支配、反抗、逃避等形式。

随着社会的不断发展与变革，人们需要不断地进行调整，才能够适应社会所发生的变化。如果人们能够顺利融入社会，跟社会的不同人和平相处，能愉快地学习和生活，就证明人们适应社会的能力较强；而如果人们在社会生活中产生焦虑、反感、压力、抵触和紧张等不良反应时，则表示人们不是很适应社会，可能会由此产生各种各样的健康问题。所以，高职学生必须培养良好的社会适应能力。

一般而言，良好的社会适应能力有以下几点基本要求。

（一）良好、和谐的社会关系

社会关系即指人们共同进行社会活动时，所产生的相互关系的总和。社会关系的产生离不开人和人类社会。良好、和谐的社会关系对于高职学生的身心健康方面具有积极作用，也是形成良好的社会适应能力的基本要求之一。

（二）积极、热情的社会参与

社会参与，简单而言就是人们参与社会团体以及社团活动的参与程度。在现实社会中，我们不仅需要有自己独处的空间，也需要积极地参与社会中的各种活动。人与人之间通过这种交往和交流，可以增近亲密感，消除误会以及隔阂，使人感到愉悦、舒畅，对这种和谐的人际关系形成依赖。

人的社会参与程度在一定程度上也会对自身的健康产生影响。社会参与主要包括了与他人建立关系的过程以及得到他人关心的过程。对于一个身心比较健康的人来讲，他一般能在社会参与过程中获得很多的人生乐趣，进而会对社会参与更为热衷。相反，让自己处于一个比较封闭的状态，与社会脱离，则会不利于自己的身心健康。

（三）健康、稳妥的社会行为

社会行为，是指由社会刺激引起的人的行为。社会中普遍存在着人与人之间的相互影响，这一相互影响是靠社会刺激作为媒介的。社会刺激广泛且多样地存在于社会的各个方面。较为常见且重要的社会刺激方式有口头语言、面部表情、手势动作、文字符号等。人类的一切行为都是对刺激的反应。个人如果（直接或间接）和另一个人发生关系，便具有社会性，相应的行为就是社会行为。

行为习惯是在平时的生活中形成的。良好的行为习惯，有利于人们的身体健康；不良的行为习惯，则会导致人们的健康水平逐渐降低。

二、体育锻炼与社会适应能力的提高

（一）体育锻炼是促进人际关系发展的有益方式

在我们的日常生活中，每个人都是独立的个体，但是人与人之间又有着密切的联系，互相接触、互相影响，形成相应的人际关系。从广义上讲，人际关系是指人与人之间的关系；从狭义上讲，人际关系是人与人通过交往与相互作用而形成的直接的心理关系。在人与人交往的过程中，主要是通过能否满足物质上以及精神上的需求来判断人际关系的好与坏。喜欢和亲近这两种表现就表明人们的关系在一定程度上得到了满足；相反，如果是厌恶或者疏远，那就说明人们并没有得到满足。人际关系的好坏在一定程度上会对人的身心健康产生影响。对于那些良好的人际关系而言，在人们的身心健康当中一般起到积极的作用；相反，则会对人们的身心健康产生一些负面的影响，同时也会导致很多疾病发生。在处理人际关系时，不良的心态如猜疑、忌妒、憎恨、报复等都是心理不健康的表现。

处理好人际关系最开始需要做的就是进行人际沟通。所谓的人际沟通，就是人与人之间的信息交流。它是人际交流的重要前提条件，也是人们进行交往的一种重要的形式。

随着社会的进步与发展，以及社会分工的细化，人与人之间的依赖性更加明显。对此，人与人之间的联系变得更加密切。然而同时，人与人之间的隔阂也因为现代化的不断发展而显现。对此，体育具有非常特殊的功能，它将人们聚集在运动场上，构建一种平等、亲密、和谐的关系，让人与人之间所产生的隔阂或者孤独感得到缓解甚至消除。对于青少年学生来说，运动也是建立朋友关系的重要方式。在体育运动中，所有人都是平等的，所有人都可以参与其中，在这里没有世俗的界限，每个人都会得到平等且真诚的对待，为着共同的目标一起努力、呐喊，人与人之间形成了一种和谐、友好的人际关系。

（二）体育锻炼是一种重要的社会参与

人们如果想要寻找一种相对简单、廉价并且最有收获的社会参与活动，那么体育锻炼无疑是最佳选择。

在参与体育锻炼的过程中，学生的世界观、人生观和价值观都会得到相应的培养和巩固。体育运动是一种活力满满的文化运动，不断地向人们传输积极、乐观的精神，不断地激励着人们，让人们形成拼搏精神以及责任感，培养出人们要勇争第一、敢为人先的竞争意识，同时，体育要求人们遵守规则和技术要求，摒除谎言和虚伪。

（三）体育锻炼是终身受益的行为习惯

体育锻炼无疑是一种终身受益的行为习惯，高职院校应培养学生终身体育的理念。

三、大学生社会适应能力的测量与评价

社会适应能力在大学生心理素质中是处于核心地位的重要内容之一，也是社会对人才素质的基本要求之一。一般可以通过生活（自理能力、饮食、穿戴等）、人际沟通（人际交往能力、语言等）、社会技能（与人合作的能力、顺应社会行为规范的能力以及实践能力等）等指标来进行衡量和评价。

（一）大学生社会适应能力的测量

对大学生社会适应能力进行测量，主要是为了了解大学生在自然环境条件下所表现出来的对社会的成熟度、与学习能力有关的行为等方面的信息。针对大学生社会适应能力的测量常采用社会测量和问卷调查等方法。测量社会适应能力的量表有很多，下面介绍常见的几种。

1. 内外向性格类型量表

内外向的概念首先是荣格（C.G.Jung）于 1913 年在他的《心理学类型》一书中提出的。他认为在与周围世界发生联系时，人的心理一般有两种指向，称为“定式”。一种定式指向个体内部世界，称为“内向”；另一种定式指向外部环境，称为“外向”。内向性格是安静、富于想象、爱思考、容易退缩、害羞和具有防御性的，对人的兴趣漠然；外向性格是爱交际、坦率、随和、乐于助人、容易轻信、易于适应环境的。

荣格认为，纯粹内向或外向性格的人是很少的。对于大多数人来说，是介于内向和外向之间的中间型。为了测试性格的内向和外向，人们编制了多种量表。其中，日本淡元路治郎的向性检查卡是较为具有代表性的一种，下面就对其加以介绍。

该量表将内向和外向性格判断的标准定为一个人对别人的态度、交友的情

况、对新环境的兴趣和适应以及自我主张的强烈程度等几个方面的症状。通过其中的50个测试题，根据被测试者的回答结果，可算出外向性指数。每题的回答只有“是”、“否”或“不定”三种选择。

通过测评，如果得出的外向性指数大于115，那么就可以判定该人属于外向型性格；如果外向性指数小于95，那么就可以将该人判定为内向型性格；而如果外向性指数在95和115之间，那么该人就属于中间型性格。

2. 中国人社交关系量表（Chinese Relationship Scale，CRS）

中国人社交关系量表共120题，测评约需20分钟，结果报告13页。

该测验通过对信任感、真诚性、利他性、顺从性、谦虚性和同情心六个方面的细致测评，来达到对人的社交关系状况进行了解的目的。通过这个测验，能够为人们了解自己的合作性等方面的状况提供相应的帮助。

（二）大学生社会适应能力的评价

通过对大学生社会适应能力的测量，可以得出他们在社会适应能力方面是强还是差。

1. 社会适应能力较强的表现

通常，社会适应能力较强的人，对周围环境的熟悉速度会较快，在与同学、朋友、领导、同事进行交流方面具有一定的主动性，掌握的信息数量较多，锻炼的机会也比较多，他们在人际交往圈中往往扮演重要的角色，且较为积极、活跃，为自己创造的机会也更多。

2. 社会适应能力较差的表现

社会适应能力较差的人，往往容易沉浸在自己的世界中，与周围环境的融合不够理想，经常会表现出自负、孤傲，或自卑、胆怯，或消极地抱怨，或敌对地反抗等消极情绪。

通常，社会适应能力较差的大学生会有以下两种表现，需要进行适当调整。

（1）心理适应不良。心理适应不良，指的是因为心理发展不协调而使个性障碍程度加重，并对身体健康产生影响的状况。大学生心理适应不良者以男性、内向型性格者为多。这些人主要表现为：孤僻不合群，沉默寡言，缺少朋友，兴趣范围狭小，固执己见，敏感多疑，易与家庭及周围人发生矛盾。由于社会经验不足，这些大学生难以找出恰当、有效的方法来解决，而这些心理压力如长期不能消除，很容易造成心理障碍，致使社会适应不良，严重者则对生活失去信心、悲观失望。针对这种情况，首先要弄清产生的原因，然后通过心境训练，用欢笑祛除忧愁，用松弛疗法降低紧张焦虑来进行调节。症状严重者，应在医生指导下进行治疗。

（2）承受挫折的能力差。承受挫折的能力差，指的是由于过去失败的经验，导致整个身心被失败的阴影笼罩的心理现象，总是给自己消极的心理暗示，对失败的恐惧成了前进的最大障碍。因此，首先，需要对挫折有一个客观认识，其在具有负面作用的同时也起到积极的作用，比如，挫折能磨炼我们的意志。其次，要对自己的长处进行充分挖掘，增强自信，善于发挥自己的长处。最后，要积极参与社会活动，扩大人际交往，增进理解、开阔心胸，增强学习和生活的信心，减少心理上的危机感。

第五章
大学生体质健康管理体系

大学生体质健康管理涉及众多因素，保障其科学运行是一个巨大的系统工程，需要多方面工作的开展和配合。下面就对大学生体质健康管理体系的相关内容进行介绍。

第一节　大学生体质健康管理服务体系

一、大学生体质健康管理服务体系的构建

为做好大学生体质健康管理工作，高职院校必须构建一定的服务体系。大学生体质健康管理服务体系应该包括体育教学部门、校医院、心理健康中心、营养指导中心等机构。它们都是为学生健康服务的，但具体的职能不同，具体分析如下。

（一）体育教学部门

高职院校体育教学部门是大学生体质健康管理服务体系中非常重要的组织部门，发挥着至关重要的作用。体育教学部门要培养学生对体育运动的兴趣爱好，激发学生参与体育运动的积极性，向学生普及体育知识、传授体育运动技能，使其掌握丰富的体育锻炼方法，形成正确的健康观，养成良好的锻炼习惯。

高职院校体育教学部门主要负责学生体育知识和技能的传授以及体质测试工作的开展，并汇总和整理学生的相关成绩。具体内容如下。

1. 安排体质测试

定期安排体质测试，整理体质测试成绩，并记录在学生个人健康档案中。

2. 评估学生健康状况

根据体质测试成绩进行健康评估，向学生个人健康档案上传评估数据。

3. 传授体育锻炼知识

在体育课堂教学或课余体育活动中对学生进行指导，使学生掌握科学、有效的体育锻炼方法，将运动技能熟练掌握，提高健康水平。

4. 提供个性化运动指导方案

根据健康评估数据为学生提供个性化运动处方，并监督学生按照处方进行锻炼，改善锻炼效果、提高身体素质。

（二）校医院

校医院主要负责疾病的预防与诊治。当学生的身体出现伤病等问题时，校医院要及时、有效地进行治疗，使学生少受或免受疾病之苦。在病后诊治之外，校医院尤其要做好疾病预防工作，可适当开展健康咨询服务，为学生普及健康与预防疾病的常识，宣传健康的生活方式，促进学生自我保健意识与保健能力的增强。同时，校医院还要做好疾病普查工作，了解学生的常见疾病，并进行有针对性的治疗。校医院在学生体质健康管理服务体系中的具体职责如下。

1. 体检

每年定期安排一次体检，并将体检结果记入学生个人健康档案。

2. 身体评估

根据体检结果，从医学的角度分析与评估学生的身体指标，并将评估结果上传，完善学生个人健康档案。

3. 疾病治疗

科学诊断与治疗学生的身体疾病，促进学生早日康复。

4. 医务监督

运用医学知识及一定的方法科学监护学生的身体机能和身体素质，预防运动者在运动锻炼中发生运动损伤或疾病，提高锻炼的科学性与安全性。

5. 健康知识讲座

整理和汇总学生常见身体疾病，在健康知识讲座上集中说明预防与解决这些疾病的方法，降低发病率。

（三）心理健康中心

当今社会，大学生的心理健康问题逐渐受到重视。从近些年发生的由心理问题引起的事件可以看出，大学生受到心理问题的困扰较大，严重的甚至会影响正常的学习与生活。所以，对于高职院校心理健康中心而言，需要做的就是对这些心理问题进行科学干预，多开展关于心理健康教育以及心理咨询的服务活动，切合实际地帮助他们解决心理问题，使其心理得到健康发展。心理健康中心主要提供以下几项服务。

1. 心理测试

每年定期对学生的心理健康情况进行测试，并将测试数据及相关信息记入其个人健康档案。

2. 心理评估

根据心理测试得出的结果，对学生的心理健康情况进行评估，并上传评估结果。

3. 心理咨询

针对学生普遍存在的心理问题提供心理咨询服务，并基于少数学生的个别心理问题开展有针对性的心理咨询服务，帮助学生解决各种心理问题，使其学习与生活始终处于正常状态。

4. 心理干预

根据不同学生的不同心理问题进行有效干预，可以采取心理健康游戏、一对一心理治疗等不同的干预方法。此外，也要引导学生进行自我心理调节，提高其解决自身心理问题的能力。

5. 心理健康讲座

整理和汇总学生常见心理问题，举办心理健康讲座，并在心理健康讲座上集中说明预防与解决这些问题的方法。

（四）营养指导中心

营养指导中心在大学生体质健康管理服务体系中也是必不可少的重要组织，其主要有以下两方面的服务职能。

1. 普及营养知识

高职院校营养指导中心应定期或不定期开展关于科学饮食和健康饮食的知识讲座，提供一日三餐科学搭配与合理膳食营养的方案与建议，为学生的健康饮食提供科学指导，促进学生形成良好的饮食习惯。

2. 进行膳食指导

高职院校营养指导中心应根据学生健康档案中的健康状况，为其提供个性化的健康饮食指导。营养指导中心应重点关注超重、肥胖和偏瘦的学生。对于超重、肥胖的学生，营养指导中心要提供科学减肥食谱，并强调配合体育锻炼来减肥；对于偏瘦的学生，营养指导中心要提供能够增加体重的食谱，使其体重达到正常范围。

二、构建大学生体质健康管理服务体系的意义

（一）提高大学生健康水平，为建设“健康中国”奠定基础

构建大学生体质健康管理服务体系，主要是为了促进大学生健康水平的提高，为保障大学生的健康而提供规范、系统的服务，并进行科学、有效的管理。我国为推动“健康中国”建设、促进全民健康水平的提升而颁布并实施了《“健康中国 2030”规划纲要》（以下简称“纲要”）。构建大学生体质健康管理服务体系与“纲要”的文件精神相符，并有助于早日实现“纲要”的目标。

（二）解决大学生体质测试存在的问题，改进大学生体质测试工作

为了及时了解我国大学生的体质健康状况，贯彻落实“健康第一”的指导思想，我国颁布并实施了《国家学生体质健康标准（2014 年修订）》（以下简称“标准”），并对大学生进行体质测试。但目前高职院校体质测试存在“只为测而测”的问题，严重影响了体质测试的效果，也使体质测试失去了原本的意义。

高职院校虽然每年都会组织一次体质测试，但部分存在“例行公事”的心态，并未真正将体质测试内容与体育教育结合起来，也未在体育教学评价中将

此作为一项重要指标。部分高职院校集中花几天时间完成体质测试工作后，就将此事搁置一边，没有针对性地分析学生的体质测试数据，也未对学生体质测试成绩不理想的原因进行调查与研究，更没有根据体质测试结果对体育教学内容进行调整。因为这些学校本身就对此不够重视，所以学生在参加完体质测试后也就放弃体育锻炼了，这对学生的健康成长与综合素质的提升造成了严重的制约。

因此，构建大学生体质健康管理服务体系具有重要的现实意义，做好大学生体质健康管理服务能切实解决大学生体质测试存在的问题，改进大学生体质测试工作。

（三）探索与创新大学生健康促进途径

改善大学生身体形态、提高大学生身体机能及身体素质水平的最佳途径便是体育锻炼，最科学合理的锻炼方式是一周锻炼三四次。但我国大学生群体中大部分都缺乏体育锻炼，更达不到一周锻炼三四次的标准。

部分高职院校有关部门在大学生体质健康管理中不够积极主动，多进行被动式管理，而且管理也不够系统，部门负责人缺乏长远的目光。高职院校对大学生体质健康的被动式管理主要表现为不注重预测危险因素与疾病预防，忽略了健康教育，在学生出现疾病之后才进行干预。被动管理模式增加了高职院校有关部门的工作量与工作负担，也消耗了大量的资源，学校面临资金压力，学生承受疾病之苦。因而不管从哪个角度来看，被动式管理都不及主动式管理好。

此外，高职院校体育部门在大学生体质健康管理方面肩负重任，承担着预防危险、健康促进的职责等，构建大学生体质健康管理服务体系，做好大学生体质健康管理，有助于更好地实现健康促进目标。现阶段我国高职院校虽然开设了很多体育课程，但大都缺乏针对性，虽然学生可以根据自己的兴趣爱好自主选课，但忽略了体育教学应有的针对性和强度要求。对此，要积极探索大学生体质健康促进的科学路径，从而为他们提供更加全面、更加完善的健康服务，切实提高他们的体质健康水平。

三、大学生健康管理服务体系的运行

大学生健康管理服务体系的运行包括以下几个环节。

（一）采集大学生健康数据

对于刚入学的新生，要采集其健康数据，包括身体与心理健康数据。这个工作主要由高校体育部门、心理健康中心和校医院负责。

（二）整理与记录大学生健康信息

建立学生个人健康档案，将所有收集的数据与信息加以汇总后记录在档案中，并根据最新的体质测试及时更新数据。

（三）分析和评估大学生健康信息

从专业的角度科学分析与全方位评估学生健康信息，并将分析与评估的结果记录在学生个人健康档案中。

（四）对大学生进行健康指导和干预

根据学生个人健康档案中的信息有针对性地制定与实施健康干预策略，提高不同体质群体的健康水平，使其养成健康的生活方式和良好的体育锻炼习惯。

大学生体质健康管理服务体系的运行是一个循序渐进与不断提高的过程。经过上述几个环节后，要再次监测学生健康情况，采集健康数据、整理健康信息、进行健康分析与评估以及提供干预服务，从而不断更新学生个人健康档案，不断调整健康服务与健康管理的方式，如此才能促进大学生体质健康水平的不断提高。

四、大学生体质健康服务体系的优化

（一）开设健康教育通识课，普及健康知识

目前，我国的大学生仍在一定程度上缺乏对健康的正确认识以及基本的健康知识，这是导致我国大学生体质健康水平不高的原因之一。在高职院校中，向学生普及健康知识主要采用的方式是举办讲座，但是这种讲座方式如果把握不好很容易没有效果，一是因为学生参加的兴趣不高，二是因为讲座难以覆盖全部学生。结果是学生健康知识掌握得仍然有限，自我保健意识与保健能力都比较弱，自然也就难以做到自我健康管理。学生的健康问题若长期得不到解决，其体质健康水平自然无法有效提高甚至会不断下降。

为了使学生学习与掌握丰富的健康知识，提高其健康知识素养，高职院校应该在举办健康知识讲座的基础上开设健康教育通识课。在课堂上，教师应选用丰富有趣的教学方法来传授健康知识，营造轻松愉悦的课堂氛围，使学生以饱满的情绪和积极的心态去学习。同时，教师要鼓励学生将课堂上所学的健康知识运用到学习、生活以及自我健康管理中，形成良好的生活方式，健康饮食、合理作息、科学锻炼，保持良好的健康状态。

（二）各部门协同配合，建立健全大学生健康信息共享机制

大学生体质健康管理服务体系中涉及的部门比较多，要想取得良好的管理效果，必须各部门协同配合。只有各部门在发挥各自职能的基础上密切合作，

才能充分整合高职院校在健康管理方面的优势资源，并将这些资源的作用发挥到极致。

各部门之间通力合作最直接的表现就是共享学生健康信息，共同为学生健康服务，因此科学构建大学生体质健康信息共享机制就显得很有必要。通过健全与完善大学生健康信息共享机制，可以为各部门各自开展健康服务工作及相互之间的配合提供重要参考。此外，也可避免因一些工作重复开展而导致的资源浪费，从而提高大学生体质健康管理的效率与健康服务水平。

（三）构建学校、家庭及社会“三位一体”的服务体系

学校、家庭、社会都是影响大学生体质健康的重要因素，因此要做好大学生体质健康管理，就要把这三方面的影响因素都考虑在内，构建起学校、家庭、社会“三位一体”的大学生健康管理服务体系。

大学生不仅生活在校园中，更是生活在社会中，现代社会生活中的一些不科学、不规律、不健康的生活方式会对大学生造成严重的不良影响，影响其正确健康观和生活方式的建立。这时，高职院校就要发挥其教育作用，让大学生能够明辨是非，树立起正确的健康观，减少社会不良因素对大学生的影响。在培养大学生健康观、引导大学生健康生活等方面，高职院校具有家庭和社会无可比拟的优势。高职院校有关部门要充分发挥自己的教育作用，促进大学生健康发展，为大学生将来的健康生活打好基础。

一个人从出生开始，就受到家庭环境的影响，这种影响可以说是伴随其一生的。良好的家庭氛围与和谐的家庭环境有助于促进大学生正确健康观的形成和健康意识的提高。家长要注重培养孩子的良好饮食习惯、运动习惯及作息习惯，这样孩子在步入大学甚至将来步入社会后才能将这些好习惯延续下去，这有助于其一生的健康发展。

社会环境对大学生体质健康的影响同样不可小觑，纲要强调要将健康产业和健康服务业的发展重视起来，以推进“健康中国”建设进程，这为大学生的健康发展营造了良好的社会氛围。①

作为影响大学生体质健康的三大重要因素，学校、家庭、社会要相互配合，共同为促进大学生健康发展而努力。在三者的配合中，高职院校要发挥带头作用，主动争取与学生家长、社会有关部门的合作，从而在大学生健康管理中获得家长与社会的支持与帮助，提高管理效率。

（四）充分发挥高职院校资源优势，构建体医融合机制

许多高职院校有体育教学部门和直属校医院，这使高职院校在构建体医融合机制方面具有自身的优势。体育锻炼能提升人的免疫力，促进人的全面发展，而医学能够对健康起到保护作用；体育与医学相结合，建立体医融合机制，能够为大学生的健康发展提供双重保障。

体育锻炼能够增强大学生的体质，提高大学生抵御疾病的能力，因此大学生进行科学的体育锻炼具有重要意义。但在体育锻炼中，要保证安全性与实效性，就要发挥医学的作用，根据大学生的不同健康水平，结合医学来制定科学的运动处方，使大学生通过体育锻炼真正提高免疫力与体质水平。此外，还要结合运动医学的原理评估运动中的危险因素，预防运动风险，提高运动的安全性，降低风险发生率。

高职院校构建体医融合机制，能够更好地监测、预防及干预大学生的体质健康，为大学生提供更全面的健康服务与更有效的健康指导，从而切实提高大学生的健康水平。

---

① 谢超杰.大学生健康管理服务体系的构建及初步实践［D］.广州：华南理工大学，2018.

（五）充分利用现代科技手段

现代科技发展迅速，大学生体质健康管理服务体系的优化中要充分运用科技手段，建立相配套的网络服务平台，开发线上服务项目，提供便捷化、现代化与多元化的服务。高职院校要通过互联网、大数据和即时交流技术，建立学生电子健康档案，运用网络手段收集数据，不断完善电子档案，并根据不同学生的体质健康情况提供个性化的线上健康指导。

第二节　大学生体质健康管理方案

一、制订大学生体质健康管理方案的目标

以“健康第一”为指导思想制订大学生体质健康管理方案的主要目的是给大学生制订具有针对性的健身计划，并提出关于提高体质健康水平的要求和建议，通过传授健身知识与保健技能，使大学生了解科学健身的方法，形成自我健康管理的意识，养成健身锻炼的好习惯。①

① 吴小明.禹州二中学生体质健康现状及体质健康管理研究［D］.武汉：华中师范大学，2013.

二、制订大学生体质健康管理方案的原则

（一）全面性原则

制订大学生体质健康管理方案，应在充分考虑各相关因素及其影响的基础上进行，尽可能使方案全面、完善。

（二）安全有效原则

制订大学生体质健康管理方案的主要目的就是提高大学生体质健康水平，因此，管理方案中若涉及运动锻炼的内容，要对安全性和有效性多加关注，保证大学生安全地参与锻炼，提高锻炼的效果。

（三）易调整原则

大学生体质健康管理方案的制订不是一蹴而就的，制订出来的方案也不是一成不变的，而且大学生的体质状况也是随时发生变化的，因此，所制订的体质健康管理方案需要根据实际情况及时进行调整。这就要求制订大学生体质健康管理方案时要遵循易调整原则，避免因局部变化而需要重新制订方案的情况出现，使体质健康管理方案与大学生的体质健康现状更贴近。

三、大学生体质健康管理方案的应用

大学生体质健康管理方案涉及的内容非常丰富，其中运动干预方案是十分重要的一部分，下面就以其为例进行分析。运动干预是改善大学生身体机能与身体素质的重要路径。运动干预方案主要包括课堂干预方案和课外干预方案两大部分。

（一）课堂干预方案

课堂干预方案主要是针对大学生的身体素质（力量、速度、耐力、柔韧性、灵敏性）在体育教学课堂上进行干预的方案。在实施方案的过程中，各项身体素质的练习依次轮换，并根据测试结果调整干预内容与方法。方案实施结束后再测试被干预者的体质健康情况。

（二）课外干预方案

课外干预是课堂干预的补充与延伸，能够进一步拓展干预内容，弥补课堂干预的不足，更好地帮助大学生改善体质，提高健康水平。课外干预方案不仅包括运动干预，还包括培养学生的健康意识、引导学生形成正确的生活方式。

第三节　大学生体质健康管理平台

通过平台的建立能够更好地对大学生体质健康进行管理，也能够提高大学生体质健康管理的效率。新时代，科学技术迅速发展，运用先进的开发工具和技术开发新的体质健康管理平台，能够构建大学生体质健康管理的新模式。

一、构建大学生体质健康管理平台的需求分析

在构建大学生体质健康管理平台的过程中，要充分考虑多方面的需求，以下几方面的需求是需要重点分析的。

（一）用户需求

不同的用户有着不同的需求，大学生体质健康管理平台的构建主要关注的是大学生用户。因此，要对大学生的具体情况进行分析，包括大学生的身心发展特点、体质现状及健康需求，然后以此为根据进行体质健康管理平台的开发。

（二）功能需求

用户需求决定了大学生体质健康管理平台的功能需求，因此，大学生的需求决定了大学生体质健康管理平台的功能设置。大学生体质健康管理平台的功能要以大学生的需求为根据，也要考虑不同地域和学校的差别，以实际情况为依据设置与完善系统功能。

（三）管理需求

管理是组织对所拥有的人、财、物、信息等的计划、组织、协调及控制的活动过程。近年来大学生体质健康日益受到国家的关注，这使大学生体质健康管理成为高职院校管理的重要内容，并且占据着越来越重要的位置。为了大学生体质健康水平的提高，高职院校必须想方设法以更科学、更便捷的方式对大学生进行体质健康管理。但是，目前体质健康管理平台的应用并不广泛，有的学校只是具有简易的查询体质测试成绩的系统，有的学校甚至连这样的平台都没有，只是利用国家学生体质健康标准数据与分析系统进行体质健康测试方面的管理。因此，高职院校必须先明确管理需求，再构建大学生体质健康管理平台。

（四）科技发展需求

现代科技在高职院校的管理中发挥的作用越来越明显。随着科技的进步，很多管理都呈现出网络化趋势，如学生选课、学生档案与信息管理、学生成绩管理等。但是就目前的状况来看，针对大学生体质健康管理，还缺乏一个比较令人满意的平台。因此，大学生体质健康管理平台是顺应时代潮流的新生事物，构建这个平台需要高职院校的重视。

二、构建大学生体质健康管理平台的原则

（一）可行性原则

运用互联网等现代科技构建大学生体质健康管理平台，要遵循可行性原则，即使用者可通过计算机、手机等终端即时访问，操作要简便，具有人性化，凸显平台的实用性。

（二）标准化原则

大学生体质健康管理平台中的各个模块所采集的信息格式要统一，选用的量表、调查问卷及评分标准均要有权威来源，从而方便数据的分析与处理。

（三）全面性原则

构建大学生体质健康管理平台要注意全面性，即在对大学生信息进行采集时要做到全面、完整。通过采集基础信息、反馈信息构成连环通路，体现出大学生体质健康管理的循环性，即形成一个“收集—干预—反馈—再收集—再干预—再反馈”的连续过程。

（四）扩展性原则

大学生体质健康管理平台要具有扩展性，既可根据要求和新的变化对平台

中的信息库进行更新与修改，也要支持用户统计查询及数据传输，为平台的丰富与完善留有余地。

（五）保密性原则

大学生体质健康管理平台要注意保密性，因为平台中记录的大学生健康信息都是大学生的个人隐私，不能随意查看与传播。对大学生体质健康数据，除了用户本人在自己的权限内以及拥有相应权限的健康管理人员浏览查询外，其他人不得随意查看，以便减少用户之间的相互影响，最大限度地保护用户的隐私。

三、大学生体质健康管理平台的设计

大学生体质健康管理平台的设计，应主要围绕大学生体质测试数据进行，并考虑大学生用户和管理员管理的需求，以便相关人员使用，充分发挥平台的作用。具体来说，大学生体质健康管理平台要从功能模块与数据模块入手进行设计。

（一）功能模块

设计大学生体质健康管理平台时，首先要思考平台应具有哪些功能。平台的设计要考虑大学生体质测试数据的记录，考虑大学生和管理员的使用，因此大致应包含登录模块、统计模块、导入导出模块、学生模块、管理员模块等。

其中，导入导出模块涉及大量统计数据的处理，因此是平台设计的一个难点，在设计这一功能模块时，可参考国家学生体质健康上报系统，并在其基础上进行一定的优化，包括对体质健康数据上报格式的改进，使上报格式更加简单化、多样化，可以分批上报数据。

由于管理员肩负着整体管理和维护的职责，因此管理员模块的设置也有一定的难度，需要得到技术人员、相关政策以及资金的支持。如需要计算机专业人员参与大学生体质健康管理平台的设计和研究，需要教育部和学校的资金支持等。①

（二）数据模块

大学生体质健康管理平台的数据模块主要是对管理员、学生、数据库三个方面的数据进行管理。由于系统数据繁杂，而且数据处理工作具有多样性，因此在设计时要做到方便、快捷和准确。

四、大学生体质健康管理平台的运行

（一）大学生体质健康管理平台的运行保障

1.政策支持

大学生体质健康日益受到重视，国家和各高职院校也不断出台体育方面的政策与规定，以为大学生提高体质健康水平提供支持。学校体质健康管理工作的开展始终应根据大学生的体质健康现状进行，最终目的和宗旨也在于促进大学生体质健康。学校领导应转变思想、更新观念，认识到开发大学生体质健康管理平台的必要性和重要性，认识到其在大学生体质健康管理中的积极意义。学校相关职能部门应立足学校实际、整合学校资源，在大学生体质健康管理平台构建方面给予必要的政策和资金支持，为平台的顺利实施和快速发展创造条件。

2.运行机制

大学生体质健康管理平台的构建是在考虑大学生需求的基础上进行的，其核心内容是体质健康测试。学校应借助现代科技优势，充分整合资源，通过产

---

① 司苗杰.智慧校园背景下高校学生体质健康管理研究［D］.吉首：吉首大学，2016.

学研一体化模式，实现身体评价、健康干预、健康管理、教学服务等功能，以充分满足大学生的健康管理需要。

3.组织管理

在大学生体质健康管理平台的构建中，学校应该根据自己的具体情况建立相应的组织机构，主要负责平台的管理与运行，并做好教师、学生、管理人员的联络和协调工作，兼顾学校体育工作发展与学生体质健康需求，兼顾体育教学与课程设置，在平台的研发、运行、维护以及推广等几个方面都应做到专人专任，确保该平台顺利、稳定地运行。

（二）大学生体质健康管理平台的运行现状

大学生体质健康管理平台是随着现代科学技术在高职院校中的应用出现的新事物，其对大学生体质健康测试工作的进行以及大学生体质健康管理起到了一定的作用，但是在一些学校的运行情况并不乐观。而且，作为新兴事物，它也确实存在一些问题和不足，有待进一步的完善和优化。具体来说，大学生体质健康管理平台的运行现状表现如下。

1.功能不够完善，使用不够方便

鉴于大学生体质健康管理平台处于初级应用阶段，其功能还相对单一，有些功能虽然有所涉及，但是还无法发挥真正的作用。虽然平台在设计之初对用户的需求进行了分析，但大部分平台的分析还不够全面，无法满足用户的全部需求，如还不具备不同年级的同年份体质测试成绩的比较、同一用户同一测试项目不同阶段的比较、同一用户不同年份的体质测试成绩的比较等功能。另外还存在着使用不够方便和使用中出现异常的情况，造成了用户使用感受不佳。这些问题的解决都有待于平台的优化与完善。

2. 平台的利用率不高

大部分大学生体质健康管理平台在运行中还存在利用率不高的情况。这主要是因为大学生对平台的功能与使用方法不够了解，如只使用平台进行体质测试成绩的查询，不知道平台还有其他的多元功能。这种情况出现的原因，一是平台自身确实存在功能不齐全的情况，二是宣传不到位。

3. 平台布局不是很合理

大部分大学生体质健康管理平台在布局上存在一些不合理的因素，不管是用户还是管理员在使用时都存在不方便的情况。这就需要根据实际情况来对平台布局进行调整，使其更合理，如根据学生和教师对每个板块的使用率来判断哪些功能更受欢迎，哪些功能不经常被用到，然后根据实际情况加以完善。

4. 难以做到有效互动

大部分大学生体质健康管理平台缺少互动板块，这就使教师和学生难以进行互动，学生无法自由表达观点、咨询相关问题，学生关心的问题得不到解决，学生使用平台的感受和对平台改进的建议也无法进行反馈，不仅影响大学生体质健康状况的提高，也影响了平台功能的进一步完善。

五、大学生体质健康管理平台的优化

（一）加强支持

各方面的支持是大学生体质健康管理平台得以构建、运行及优化的前提，国家教育部门和学校的支持能够为大学生体质健康管理平台的建设提供良好的环境。为了大学生体质健康管理平台的优化，国家教育部门和学校应加大支持力度。

例如，国家教育部门应提供政策和资金来支持大学生体质健康管理平台的建设，学校应提供人力、物力和财力资源来支持平台的建设、管理与维护。此外，大学生的支持也是大学生体质健康管理平台运行的重要保障，他们可以从使用平台与反馈意见两个方面对平台的运行提供支持。

（二）及时调整

没有什么事物是一成不变的，对于大学生体质健康管理平台来说，也是如此。构建好大学生体质健康管理平台后，需要经过试用才能知道它的优势和问题，然后才能有针对性地解决这些问题，进一步完善平台，再在实践中投入使用，这是一个普遍的过程。在试用过程中，要通过各种途径获取对平台使用情况的反馈，主要包括学生基于自身体验的反馈、教师的反馈以及学校的反馈。可以制作一些调查问卷让管理人员、教师和学生回答，了解他们在使用这个平台的过程中遇到了哪些不方便的地方，由专门人员收集、整理这些反馈内容，然后根据反馈提出修改方案。最后根据反馈情况和修改方案进行及时的修改调整，使大学生体质健康管理平台更切合实际，更具实用性。

（三）进行创新

大学生体质健康管理必须坚持与时俱进的原则，树立新的理念，学习先进理论和先进技术，紧跟时代的步伐。在构建大学生体质健康管理平台时，也要依托先进的网络技术，使健康管理更加便捷、高效。

创新是时代的主题，也是大学生体质健康管理平台不断完善的重要途径。大学生体质健康管理平台的创新包括技术方面的创新、平台功能方面的创新以及管理方式的创新等。只有创新才能真正推动大学生体质健康管理水平的提高，才能利用先进的科技和科学的方法对大学生的体质健康进行有效管理。不同的高职院校有着自己的实际情况和特色，因此在各自的大学生体质健康管理平台建设与运行方面也要有针对性，真正发挥出自身的优势，作出特色，这也是创新的重要内容和要求。

第四节　大学生体质健康监控机制的缺陷及优化

当前，我国大学生体质健康监控机制存在一些突出的问题，如组织体系、制度、内部动力机制以及管理等方面的问题。本节主要分析这些问题，并提出相应的优化建议。

一、大学生体质健康监控组织体系的缺陷与优化

（一）大学生体质健康监控组织体系的缺陷

1.组织机构不健全

对大学生体质健康监控体系进行构建与完善，最基础的环节是建立组织机构。当前，我国很多高职院校都没有针对大学生体质健康问题设置专门的管理部门，建设体质健康测试中心或体质健康指导中心的高职院校也很少。高职院校主要由体育部门负责按照标准开展大学生体质测试工作并上报测试数据，而且在体质测试过程中，高职院校教务部门、校医务室也很少参与组织、检查、监督等相关工作，学校的心理健康中心也未能发挥自身的作用。这说明高职院校在大学生体质健康监控方面还未建立起较为完善的检查与监测机构，除体育部外，教务处、校医务室、学生处、心理健康中心等有关部门的作用没有充分发挥出来，由这些相关部门共同构成的体质健康管理机构有待建立与完善。

2. 组织职能不明确

按照有关规定，高职院校应严格依据标准的要求开展体质测试工作，地方教委应发挥检查、指导和监督的作用，并且在地方教委的领导下，地方的学生体质健康监测中心应将本地教、体、卫等领域的人才召集起来，积极开展大学生体质测试的相关服务工作，包括督查、监测、指导、评价和专题研究等，以配合教育行政管理部门的工作，并为高职院校开展体质健康监控与管理工作提供支持。各高职院校应将相关部门的优势资源整合起来，并调动各部门的积极性，组建专业测试人员队伍，对大学生体质测试数据进行客观分析与评价，再在此基础上为大学生提供一系列的健康服务，包括健康咨询、制订健康促进计划和运动方案等，指导大学生科学锻炼，并对其锻炼动机、过程及结果进行监控，提高锻炼效果。最后，还要就大学生普遍存在的健康问题进行专题研究。

但目前来看，虽然高职院校在深入落实标准，但大学生体质健康监控主体还是缺乏一定的监控意识。尽管一些地方建立了较为完善的体质健康监控体系，但监测中心内还是缺乏专门的部门来对接大学生体质健康监控的相关工作，而且监测中心的职权也不够明确。近几年，一些地方的体质健康监测中心将中小学生的体质健康监控作为工作重心，而忽视了对大学生体质健康的监控，这具体表现为在高校实施标准的过程中，缺乏有效的监督、检查和评比。

因为政府层面监控责任体系的缺失，加上各种主客观因素对监控过程的影响，目前较为完善的大学生体质健康监控体系还未形成，政府监控与高职院校内部监控相对独立，缺乏衔接，监控组织的职权比较模糊，有待明确。

（二）大学生体质健康监控组织体系的优化建议

1.健全与完善组织结构

教育行政部门在大学生体质健康监控方面发挥着主导作用，但教育行政部门这方面主导作用的发挥受到了很多因素的影响，这也是大学生体质测试工作没有达到系统化、常态化、专业化和现代化要求以及监控工作效率低下的主要原因。各地必须建立“市级—区级—学校”的一体化监控组织机构，该机构以教育局为主导，其他组成单位是这个机构中不可缺少的监控小组，包括区域体质健康监测站、学校主管部门、学校体质健康测试中心。教育局明确地为各监控小组分配任务，通过各部门的协同努力而充分落实标准，促进大学生体质健康监控工作效率的提升。

2.明确组织职能

教育行政部门管理人员是高职院校大学生体质健康的外部监控主体，监督并审查各高职院校的体质健康管理制度，每次统计测试数据后及时反馈与评价是外部监控主体的主要职责。教育行政部门还应设立专门的学生体质健康管理部门，对大学生体质测试工作进行合理规划、指导和安排是该部门的主要职责，与此同时还要对其他机构的工作予以辅助，促进监控工作顺利开展。

高职院校内部对大学生体质健康的监控至关重要，有必要在高职院校内部建立体质健康监测中心，准确记录与高效采集大学生在体质测试中的数据，依据测试结果进行评价、给学生反馈评价结果、为学生和体育教师提出指导性意见等是该组织的主要职责。需要注意的是，参与大学生体质测试工作的相关人员要履行好自己的职责，尽心尽力完成自己的工作，工作人员之间要相互监督，共同努力提高监控工作的效率，最终达到预期的效果。

二、大学生体质健康监控制度的缺陷与优化

（一）大学生体质健康监控制度的缺陷

1.监控制度不健全

兼具实体性和程序性的监控制度能够为大学生体质健康监控工作的顺利开展提供重要保障。监控制度主要发挥引导功能、控制功能以及规范功能，这些主要作用于监控组织与监控人员。如果想要让大学生体质健康的监控机制得到完善，首先需要做的就是建立相关的大学生体质健康监控制度，并且让这一制度能够在特定的范围内使监控的作用得到充分的发挥，使监控主体的职能作用得到发挥，只有这样才能够让监控工作的效率得到提高。执行标准是大学生进行体质健康监控当中的一项必不可少的手段，开展体质检测需要遵循相关规章制度的要求以及需要结合标准的相关规定。但是，很多的高职院校在进行体质检测的时候，除了遵循标准的相关规定，并没有去很好地遵循其他制度，如测试管理制度、结果公告制度等。有的高职院校虽然建立了这方面的制度，但实际工作中也没有真正落实，这直接影响了体质测试效果。

2.缺乏可操作的检查制度

目前，有关部门不重视大学生体质健康监控体系建设和制度建设，也没有明确大学生体质健康监控的标准及实施细则，所以即使监控过程户出现了违规行为，也无法参考相关制度、规则来进行合理评判。这也是高职院校执行标准的过程中检查与监督力度小的主要原因。与此同时，高职院校缺乏整体运作机制，有关部门缺乏服务意识，各部门之间也缺乏沟通与配合，导致一些体质健康干预政策落实不到位。

目前，一些高职院校在大学生体质健康监控过程中，虽然建立并推行了

标准测试制度、测试报告书制度、监测培训制度、公告制度和新生入学体质健康测试制度等，但操作性强的检查制度、专业人员上岗制度、监测仪器准入制度等还是处于空白状态，也未建立起相关的责任约束机制与激励机制，这些都会影响监控的效果。①因此，有关部门及高职院校必须联合加强相关制度建设，如此才能保证大学生体质健康监控的科学性与规范性。

（二）大学生体质健康监控制度的优化建议

要想顺利开展大学生体质健康监控工作，就要加强对监控制度的建设与完善，并保证监控制度合理有效、可操作性强。在监控制度的建设中，要强调监督的规范性和干预的科学性，这样监控制度的作用才能得到最大限度的发挥。

1. 完善外部监控制度

从教育行政部门对高职院校大学生体质健康的监控来看，要以标准的有关规定为依据制定与大学生体质健康状况相符的体质健康监控政策，真正从法制层面完善监控机制，以便在法律的监督下顺利实施各项监控工作。

具体来说，需要完善的外部监控制度主要包括以下两项。

（1）定期监督检查制度。教育行政部门可以在高职院校年度工作评估中将高职院校体质测试工作的开展情况纳入评估范围，着重对高职院校体质测试场地设施的配备状况、标准的落实情况、测试前的内容讲解情况以及测试后的反馈情况等进行审查。在结束体测工作后，优先通过上级部门的专业评价和学校的自我评价来总结此次体质测试工作的成功经验和需要改进的地方，并综合评价此次体质测试工作的开展情况，客观评分。在年度审核中，将这一评分作为一个审核标准，旨在使高职院校领导、教师以及大学生对体质健康测试予以重

① 陆湘群.上海大学生体质健康监控机制研究［D］.上海：东华大学，2013.

视，端正相关部门及人员的态度，最终促进大学生体质健康水平的提高。

（2）专业人员持证上岗制度。教育行政部门应严格制定关于大学生体质测试管理人员的专业培训规划，每年定期培训和进行专业考核，为考核合格者颁发证书。通过制定与落实持证上岗制度，能够促进大学生体质健康测试专业性、科学性的提升，并能从制度上支持大学生体质健康监控管理工作。

2.完善内部监控制度

高校内部的监控制度非常重要，高职院校内部要定期审查校内相关部门，如教务处、体育部、校医务处、学生处、心理健康中心等，并在此基础上对大学生体质健康评价体系加以完善，加强对大学生的体质健康干预与管理。高职院校内部可结合教育行政部门的评估来制定校内审查与公告制度，有计划地开展体质健康监控工作。高职院校有必要建立专门的体质健康监控工作小组，该工作小组以分管校长或副校长为首，工作小组的主要职责是定期审查体质测试场地设备、相关部门工作状况、制度建设状况以及测试后的反馈情况，并在最后的审查结果出来后制作评估报告，评估报告要向全校师生公告，保证体质健康测试的公开性，获取师生的信任。

三、大学生体质健康监控内部动力机制的缺陷与优化

（一）大学生体质健康监控内部动力机制的缺陷

1.缺乏认识、不够重视

在“健康第一”的指导思想下，高职院校要特别重视大学生的体质健康。校领导应安排各有关部门按照标准的要求来组织实施体质测试工作，使学校体育部、医务室、心理健康中心以及其他相关部门都能积极参与其中，充分发挥作用，共同为提高大学生的体质健康水平而服务。但目前来看，无论是校领导，

还是各有关部门，对标准的实施以及大学生体质健康监控都缺乏一定的认识，且未从思想上予以重视，因此实践工作开展不力。

2.缺乏内在动力

对于高职院校体育卫生工作，教育行政部门主要发挥决策、管理功能，具体表现为建设监测网络、开展体质健康监测工作、构建体质健康监控体系等。教育行政部门对高职院校体育卫生的全方位管理有助于充分调动社会力量，使学校体育卫生工作的开展获得更多的支持。但当前我国大学生体质健康监控中存在重测试、轻指导干预的问题，高职院校领导、主管人员乃至上级主管部门等对指导干预普遍不够重视，一些高职院校甚至只是为了完成上级部门下达的任务而开展体质健康工作。

大学生体质测试人员及其他相关管理人员中不乏高学历者，但这些人很少有机会将自己的专业特长发挥出来，甚至有些人在工作过程中缺乏主观能动性，服务意识不强，这也是大学生体质健康监控比较被动的主要原因之一，而且有时候并不是实际意义的监控，只是简单的体质监测行为。

从大学生体质健康监测管理的目标来看，学校片面追求测试数据的上报率，而将上报数据的真实性、准确性忽视了。有些学校甚至认为教育部门只是看有多少学校上报了数据，而不看具体数据和核实数据的真实性，所以抱着侥幸心理弄虚作假。正是因为存在这样落后的观念和错误的认识，高职院校才迟迟没有形成完整的体质健康监控体系，对大学生体质健康的检查评价和干预指导都处于缺失状态。此外，因为在大学生体质监控过程中缺乏对相关部门的监督与业绩考核，责任约束制度和奖惩制度也是空白的，所以导致校内外的体质健康监控缺乏内在动力，体质健康监控工作未能层层落实，制约了大学生体质健康水平的提升。

（二）大学生体质健康监控内部动力机制的优化建议

1. 提高监控人员的素养

大学生体质健康监控工作的开展需要大量专业监控人员的积极参与。监控人员自身的道德素养、业务素养、对监控工作的认知与重视程度等直接影响监控工作开展的质量与监控体系功能的发挥。各层次监控人员（校领导、学校体质健康监测中心负责人、体育教师、专业管理人员等）在监控工作中是否积极主动、是否敬业，直接受其职业道德品质素养高低的影响。道德素养高的监控人员对体质健康测试工作更加重视，在工作中也更加积极。因此，培养与提高监控人员的道德素养至关重要。

要明确监控人员的权力和职责，采取教育手段使其明确自己在监控过程中如何正确行使权力和履行职责，增强监控人员的责任心，提高他们的工作热情与自律性，使其能够在相关制度规定的范围内自觉完成监控测试工作。

2. 建立责任约束机制和激励机制

（1）责任约束机制。在大学生体质健康监控中，相关负责人和各部门的工作人员都要对自己的权力、职责有清楚的认识，这样在工作过程中才能做到心中有数。例如，开展体质测试工作时，工作人员应当提前检查场地和仪器设备，若测试过程中因场地器材出现问题而耽误了进程，就要追究相关工作人员的责任。又如，在正式开始体质测试之前，教育部门主要负责人要和执行测试人员签订协议书，将各自应当承担的责任明确下来，以便以后出现问题可以追责。

建立责任约束制度有助于各有关部门合理调配人力资源和物力资源，充分发挥各自的资源优势，此外，还有助于构建“测试—整理—上报—分析评价—反馈—指导干预”的良性循环机制。在体质健康监控过程中不断改进与完善责任约束制度，能够使监控人员最大限度地发挥自己的主观能动性和作用。

（2）激励机制。建立与完善责任约束机制后，要对相配套的激励机制加以制定。上级部门肯定、鼓励与支持高职院校的体质健康测试工作，能够有效提高高职院校各部门工作的积极性和工作质量。通过建立合理的激励机制，奖励优秀工作人员，使其获得物质上的报酬和精神上的满足，这样他们工作的积极主动性就能长期得以保持。上级部门也可以组织一些评比活动，主要评比标准在各高职院校中的落实情况，为落实较好的高职院校资助一定数额的经费。对于在校大学生体质健康测试监控中表现优秀和有突出贡献的体育教师，可以在职称评比中优先考虑，并提高其工资水平。对于体质测试成绩优秀的学生给予一定奖励，可将该成绩纳入期末考核成绩，在评选优秀干部、三好学生时也可将此作为参考依据，这有助于激发大学生参加体育锻炼，自觉提高自己的体质健康水平，争取在体质测试中取得好成绩。

总之，对责任约束机制和激励机制进行建立与完善，旨在提高各管理部门对监控工作的重视程度，避免工作态度不认真、责任分工不明确、相互推脱、测试数据不真实等问题在大学生体质健康监控中出现，促进各项监控工作的顺利开展，提高监控工作效率，实现预期监控目标，最终提高大学生体质健康水平。

四、大学生体质健康监控管理的缺陷与优化

（一）大学生体质健康监控管理的缺陷

1. 监测工具标准尚未统一

要顺利开展体质测试工作，就要具备良好的场地条件和设施条件，这是实施标准的基础条件。目前，我国各高职院校基本具备这一基础条件，但相关部门并未明确规定大学生体质测试仪器的规格和标准。同时，相关调查显示，高职院校体质测试工作人员及受试者对高职院校的测试器材满意度较低，主要原

因是仪器设备不具备良好的稳定性、准确性和耐用性。虽然高职院校自己购买的测试仪器都是经过认证机构认证的合格产品，但在使用过程中还是会或多或少出现质量问题，这与生产厂家的技术水平有关，也与高职院校购买后的使用、保养及管理有关。体质测试过程中仪器设备出现问题，说明有关部门对大学生体质健康测试的基础工作没有严格把关。因为不同高职院校使用的测试仪器在规格、质量上有差异，所以测试数据不准确也在所难免，这直接影响了体质健康监控工作的顺利进行。

2.上报数据的真实性有待提高

目前，我国高职院校普遍都是自己组织在校大学生进行体质测试，然后在规定时间内向国家学生体质健康标准数据管理中心上报测试数据，即自测自报。据统计，高职院校大学生体质测试数据的上报率在不断提升，但难以验证上报数据的真实性，抽样调查中经常发现不真实的数据。

3.反馈不及时

在大学生体质健康监控中，客观评价大学生体质测试结果，并予以反馈，能够为制订大学生体质健康干预方案提供基础依据。大部分高职院校的网站系统都能分析大学生的体质测试数据，但向学校各部门及全体师生公布详细分析报告的高职院校却很少。一些高职院校组织大学生体质健康测试，只是为了完成任务，即在规定时间内上报数据，所以在测试过程中缺少必要的检查与严格的监控，测试结果缺乏真实性，无法真实反映学生的健康状况，再加上没有从专业角度评价测试结果，最终便影响了测试信息的及时反馈。

反馈不及时的问题同样存在于外部监控中，很多地方的学生体质健康监测中心平时缺乏对高职院校大学生体质健康的日常管理及监督，只是要求高职院校在规定时间内上报大学生体质测试数据，而且对于各校上报的数据，学生体质健康监测中心也没有进行专业验证和客观评价，更没有依据测试结果提供体质健康干预方案或运动处方。

4. 指导干预被忽视

大学生体质健康监控是一个系统过程，组织大学生进行体质测试只是前期工作，后续还要根据测试结果进行有针对性的干预，正确的干预与指导才是提高大学生体质健康水平的关键。但目前，在体质测试工作结束后根据测试结果为大学生提供干预处方、改革体育教学及开展课外活动的高职院校并不多，也就是说学校忽视了对大学生体质健康的科学干预，忽视了对大学生体育锻炼的科学指导，这影响了大学生体质健康监控的完整性、系统性及实效性，也难以实现预期的监控目标。

（二）大学生体质健康监控管理的优化建议

加强大学生体质健康监控管理，关键是要构建科学合理的网络信息管理平台，具体可从以下两方面着手。

1. 规范仪器设备，完善管理系统功能

第一，统一规范高职院校大学生体质测试的仪器设备。可以由教育部门选择测试仪器制造商，并制定相关文件，各高职院校在体质测试中统一使用该制造商生产的产品。在条件允许的情况下，教育部门可统一定制测试仪器，然后下发给各高职院校，这不仅能够保证各高职院校体质测试仪器设备的统一性，还能使各高职院校的财政压力得到缓解。与此同时，也要继续建立各地的监测站，在监测站配备数量充足的专业管理人员，并给予足够的经费支持，以促进监测站的顺利运作，高效完成监测任务。

第二，加强对管理系统的完善。在体质测试中采用的仪器设备要符合上级部门提出的标准，利用标准化的仪器记录采集学生的体测数据，然后进行整理，将整理后的数据上报到系统，系统对这些数据进行分析和评价，要将采集、整

理、上报、分析、评价等各环节有机融合起来。各高职院校在新学期应在管理系统中上传所有在校学生的个人信息，并制作学生卡，再连接测试仪器与管理系统，确保信息顺利传输，这样能够同时完成采集数据与上传数据的工作。日常体质测试要求学生刷卡，这样既可以节省时间，也可以防止出现找人替测的现象，保证测试数据可以将学生的真实体质健康状况反映出来，这也能够为专业人员进行准确的分析评价提供真实的数据，体质测试工作的专业化水平也会不断提高。

2.建立监测服务系统

通过监测服务系统对测试数据及时进行整理，将整理后的数据反馈给相关部门，部门以此为依据而对大学生体质健康进行具有针对性的干预，提供具体的指导方案与运动处方。

监测服务系统应从实际需要出发，综合评定不同年级、不同性别和城乡学生的体质测试数据和平均值，还应该进行横向与纵向对比，并详细统计不同等级（优秀、良好、及格、不及格）的比例和达标率。多角度、全方位的对比分析能够更全面地将大学生的体质现状反映出来，从而为政府部门制定和修改体质健康相关政策提供现实依据。

第五节　大学生体质健康监控服务体系及其构建

一、大学生体质健康监控服务体系的概念

大学生体质健康监控服务指的是为满足大学生体质健康需求并对其过程实

施监控指导而提供的产品和行为的总称。大学生体质健康监控服务体系指的是由满足大学生体质健康需求并对其过程实施监控指导的要素构成的有机整体。

二、大学生体质健康监控服务体系的科学构建

（一）以指导思想为根本宗旨

构建大学生体质健康监控服务体系，首先要明确基本指导思想，然后以此为根本宗旨。大学生体质健康监控服务体系构建的指导思想是“关注健康，关注学生，为建构大学生体质健康监控服务体系，服务广大高校学生，须本着发扬‘一切为了学生，为了一切学生’的奉献精神，坚持面向全体学生，以增进学生健康、强健学生体魄、增强学生体质为根本目标，立足于现实，着眼于学生终身体育发展的需要，高度重视对学生终身体育意识、兴趣、习惯和能力的培养，为提高全体大学生身体、心理与社会适应等整体健康水平服务”。在这一思想的指导下，政府和高职院校有关部门要积极探索对大学生体质健康进行干预的科学手段，积极探讨针对大学生的健康教育策略，培养大学生的体育锻炼习惯。

（二）以政策法规为基本保障

在大学生体质健康监控方面，政府部门出台的政策法规发挥了举足轻重的作用，有力保障了体质健康监控工作的顺利开展。因此，构建大学生体质健康监控体系，自然要以政策法规为基本保障。只有政府从政策上加以干预，加强监督与管理，才能更好地落实体质健康监控服务。需要注意的是，政府政策在大学生体质健康管理中主要起间接调控的作用，而发挥直接调控作用的是各级教委，它们是大学生体质健康的管理主体，但直接调控也要以政府的权力为依托。

政府出台的政策只有真正落到实处，才能发挥其作用，高职院校要积极响

应政府的号召，充分落实相关政策法规，并以政府政策为依据制定具体的体质健康监控措施，培养学生的终身体育观念，为学生的健康提供良好的服务。

总之，加强政府的政策干预，加大政府部门的监管力度，对大学生体质健康监控的内容不断加以深化与完善，这是健全大学生体质健康监控服务体系的长效机制。

（三）以考核评估为核心内容

对大学生体质健康状况进行检验时，最直接和最有效的方式就是考核评估，这也是对大学生体质健康监控服务成果进行检验的核心手段。要使大学生体质健康监控服务的开展得到保障，就要满足仪器设施准确、项目测试合理、考核评估方式科学、数据上传真实等几个基本条件。在大学生体质健康考核评估中，需要解决的首要问题就是完善高职院校软硬件设施，硬件方面主要是统一测试仪器和评判标准，软件方面主要是挑选道德素质好、专业水平高的测试人员对大学生进行考核评估。对大学生体质进行考核与评估，要做到公平、公正、公开，针对不同年龄和性别的学生选择不同的测试项目，评估标准也要合理，测试后要公开测试结果，并根据测试结果提供运动处方。

（四）以网络平台为未来动向

在信息时代构建大学生体质健康监控服务体系时，要充分利用互联网资源，构建网络管理平台，加强信息化管理，提高大学生体质健康监控系统的运作效率。

现阶段，我国各级学生体质健康监测中心建立了学生体质健康数据平台，并对数据上报、数据分析等功能进行了完善，而且还开发了网络信息公共平台，因此学生体质测试数据上报所耗费的时间较之前明显缩短，体质监测工作效率得以大大提高。

第六章
大学生体质健康的锻炼指导与运动营养指导

体育锻炼是大学生体质健康促进中最有效的干预手段，科学、合理的锻炼加上全面的运动营养指导能够有效改善大学生的体质状况，提高大学生身心健康水平，并为大学生各项身体素质的发展打好基础。

第一节　基本身体素质锻炼指导

五大基本身体素质包括力量素质、速度素质、耐力素质、柔韧素质及灵敏素质，下面主要分析前三种身体素质的锻炼方法。

一、力量素质锻炼

（一）颈部力量锻炼

1. 背“桥”练习

练习者头和脚着地支撑，腰腹部向上挺起，两手置于胸腹部，使身体反弓成“桥”；或腹部向下，以额头（或头顶）和脚支撑于地面，臀部上提成“桥”。

2.双人对抗

两人一组，同伴站在练习者身后，将合适的带子或毛巾围在练习者的前额，同伴一手拉住毛巾两端，一手扶在练习者的肩胛部，肘关节伸展。练习者两脚站稳，上体固定，向前向下低头，对抗同伴向后拉毛巾的力量。牵拉头部的带子或毛巾可以围在练习者头部的前、后、左、右不同部位，使练习者从不同方向进行对抗练习，使颈部肌肉得到全方位锻炼。

（二）臂部力量锻炼

1.坐姿弯举

两腿自然分开，坐在凳子一端，一手握哑铃，另一手掌置于持哑铃手侧的膝关节上部。握哑铃的手臂充分伸展，将肘关节的上部置于膝关节处另一手的手背上，上臂固定，慢速屈肘至胸前，然后再有控制地下放哑铃成预备姿势。同一动作反复练习。

2.站立屈臂举

两脚自然站立，两手反握杠铃，两臂伸展，杠铃位于体前。两手握距可宽可窄。固定两肘，慢速屈臂将杠铃上举至胸前，然后有控制地慢慢放下杠铃成预备姿势。同一动作反复练习。

（三）腹部力量锻炼

1.仰卧起坐

仰卧在凳上或斜板上，两脚固定，两手抱头，然后屈上体坐起，再还原。一次 10 ～ 15 个，也可两手于颈后持杠铃片或其他重物负重进行练习。

2. 支撑举腿

两手直臂撑在双杠上，下肢放松，身体伸展。两腿伸直，双脚并拢，收腹抬腿至水平位，与上体成直角，然后再放下双腿，还原成预备姿势，反复练习。为了提高练习效果，可在脚腕处负重进行练习。

（四）腿部力量锻炼

1. 蛙跳

身穿沙背心，带沙护腿（也可不负重），全蹲。两脚蹬地，腿蹬直向前上方跳起，腾空后挺胸收腹，快速屈腿前摆，以双脚掌落地后不停顿地做6～10次。

2. 负重深（半）蹲跳

双脚左右自然开立，肩负杠铃，双手正握杠铃扛于颈后，躯干挺直。屈膝半蹲快速蹬伸，髋、膝、踝充分伸展，向垂直方向跳起，落地时保持半蹲（半蹲跳）或深蹲（深蹲跳），紧接着快速蹬伸跳起。同一动作反复练习。

二、速度素质锻炼

（一）锻炼方法

1. 反应速度锻炼

（1）反应起跳。画一个圆圈，圈内外各站一人。圈内人站在圈内圆心处，手持长度超过圈半径的竹竿向圈外人脚下左右摇摆，圈外人在竿经过自己脚下时迅速往上跳起，避免被打中，若圈外人起跳不及时，脚被竹竿打中，则与圈内人互换角色，继续按同样的方法练习。

（2）压臂固定瑞士球。在长凳上立腰直背坐立，一侧手臂水平向同方向伸出，手掌将瑞士球压住。同伴向侧面不同方向拍球（拍球力量为最大力量的60%～75%），练习者手用力按压，防止球移动。

2.动作速度锻炼

（1）横向飞鸟。两脚左右开立，双手在体前平举杠铃片，向两侧打开手臂直至最大限度，然后还原。同一动作反复练习。

（2）纵向飞鸟。两脚左右开立，双手在体侧持握杠铃片，直臂快速举到头顶，然后还原。同一动作反复练习。

（3）仰卧快速伸臂。在瑞士球上仰卧，双手持哑铃迅速向上直臂举起。上臂固定不动，保持片刻，然后下放到头两侧。同一动作反复练习。

（4）双杠快速臂撑起。双手抓在双杠上支撑身体，两手间距离约同肩宽。屈肩、屈肘，身体下移，然后臂部发力再次将身体撑起。同一动作反复练习。

（5）仰卧双腿快速踢球。仰卧，身体在地面上，双腿在瑞士球上，用一根绳子将双踝系在一起，保持球的固定。两臂在身体两侧的地面伸展，掌心贴地面。两膝发力向胸部靠近，直至大腿与地面的夹角稍大于直角。同一动作反复练习。

（6）俯卧快速伸背。在长凳上放好瑞士球，练习者俯卧在球上，双手将凳子两侧抓住，两脚腾空。头、颈自然放松，臀部肌肉发力，双腿上抬，直至与髋、肩成一条直线。同一动作反复练习。

（7）仰卧屈腿快速转腰。在垫子上仰卧，双手将脑后的横杆握住，膝盖弯曲，腹部收缩发力，使髋快速向两侧转，让腿贴紧垫子。同一动作反复练习。

（8）绳梯连续交叉步。绳梯平铺于地面，两脚左右开立，两臂向左右两侧充分伸展，脚跟踮起，前脚掌撑地，以不踩中绳梯为准，向左侧或右侧快速移动身体。以向左侧移动为例，左脚先左移，右脚前交叉移到身体左侧。同一动作反复练习。

（9）抱头旋转。屈膝弯腰，上体约平行于地面，两手交叉在脑后抱头，朝同一方向快速旋转 15 秒左右，然后换一个方向再抱头旋转。同一动作反复练习。

（10）侧卧腿绕环。在斜板上侧卧，身体充分伸展，上侧腿尽量大幅度绕环，然后换腿练习，交替进行。

（11）快速内拉腿。将瑞士球置于体侧，将与球同侧的脚放在球上，将阻力滑轮绳索或胶带系在踝关节上。支撑腿膝、髋稍屈。球上的脚向身体方向移动，慢慢弯曲腿部，令脚靠近身体。同一动作反复练习。

（12）负重交换腿跳。将轻杠铃放在肩上，双手握杠铃杆两侧。快速起跳，双腿位置相互交换。同一动作反复练习。

（13）扶墙快速踝屈伸。双手扶在墙上，一脚踮起，脚尖着地，脚背贴在另一脚脚后部。身体向墙慢慢靠近，双臂保持稳定以支撑身体，还原。如此反复进行踝关节屈伸练习，左右脚交替进行。

3. 位移速度锻炼

（1）高抬腿伸膝走。按照短跑的方式大步走，高抬摆动腿，充分屈膝使脚与大腿靠近。

（2）折叠腿大步走。按照短跑的方式充分摆臂大步走，摆动腿充分弯曲，后蹬腿要加上踮步动作。

（3）跑台阶。以跑的形式连续上台阶。持续 4 ～ 8 秒后稍作停顿，然后继续。

（4）下坡跑。在坡度为 3° ～ 7° 的下坡跑道上快跑。要以最快的速度跑，注意动作节奏。

（5）陡坡上坡跑。在坡度为 20° ～ 35° 的上坡道上快速跑进。持续 4 ～ 8 秒后稍作停顿，然后继续，争取在这个时间内每次跑的距离更长。

（二）锻炼方案

速度素质锻炼方案见表 6–1。

表 6–1　速度素质锻炼方案

运动目的	提高最大速度
运动项目	40 米下坡跑、30 米平地跑、30 米上坡跑、负重交换腿跳，重复练习
运动强度	运动心率：140 ～ 160 次 / 分钟
	用力级别：60% ～ 80%
	代谢强度：中、大
练习次数	3 次 ×5 组
运动频率	每周 2 ～ 3 次
注意事项	1. 做好准备活动； 2. 避免强度过大； 3. 肌肉有痛感应立即停止练习； 4. 在运动伤害的恢复期间，不做此练习

三、耐力素质锻炼

（一）锻炼方法

1. 定时走

在场地、公路或其他自然环境中按规定时间做自然走或稍快些自然走。一般持续大约 30 分钟。

2. 变速跑

在场地上变速跑。跑的段落有 200 米、400 米、600 米、800 米、1000 米等，如中距离跑常用 400 米快跑、200 米慢跑的变速或 600 米快跑、200 ～ 400 米慢跑等变速。

3. 定时定距跑

在场地或公路上定时跑完固定距离，如要求在 14 ～ 20 分钟内跑 3600 ～ 4600 米。

4. 重复跑

在跑道上进行，根据要求决定重复跑的距离、次数与强度。发展有氧耐力时，控制重复跑的强度，要适当增加跑距。一般重复跑距为 600 米、800 米、1000 米、1200 米等。

5. 法特莱克跑

在场地、田野、公路上都可以进行自由变速的越野跑或越野性游戏。比较理想的场所是公园、树林，大约跑 30 分钟，时间再长些也可。

6. 大步快走、交叉步走或竞走

在场地、公路或其他自然环境中大步快走、交叉步走、竞走或几种走法交替进行。每组 1000 米左右，共进行 4 ～ 6 组。

7. 越野跑

在公路、树林、草地、山坡等场地进行。距离要求一般在 4000 米以上，多则为 10000 ～ 20000 米。

（二）锻炼方案

耐力素质锻炼方案见表 6–2。

表 6–2　耐力素质锻炼方案

运动目的	提高肌肉耐力
运动项目	法特莱克跑
运动强度	运动心率：110 ～ 140 次 / 分钟
	用力级别：60% 左右
	代谢强度：小、中

续表

练习次数	每次 2 分钟 /2 组
运动频率	每周 1 ～ 2 次
注意事项	1. 运动时不能中断或中途退出； 2. 注意动作质量与呼吸

第二节　健身走与健身跑运动指导

一、健身走

（一）锻炼方法

健身走的锻炼方法主要有以下几种。

1. 散步

散步时，身体要保持自然、放松，抬头挺胸，收腹收臀，脊柱要位于一条直线上，放松肩部，两臂自然下垂于体侧并前后小幅摆动。脚要放平，柔和着地，两腿要协调迈步，交替屈膝前摆，一条腿由脚跟着地过渡到脚尖着地时，另一腿屈膝前摆足着地。步幅的大小可以自由选择。

2. 踏步走

踏步走时，可原地走或稍向前移动。要求身体保持正直，两臂自然下垂或稍屈肘。两腿交换屈膝抬腿，两臂配合两腿前后直臂摆动或屈臂摆动，屈膝抬腿至髋高，达到抬腿最高点，直腿轻缓、平稳地落地。

3. 快步走

快步走的特点是步幅适中或稍大、步频较快、步速较快（每分钟 130 ～ 250 米）、运动负荷稍大。在快步走锻炼中，身体向前倾斜 3° ～ 5°，抬头挺胸，垂肩，腹部与臀部收紧。两臂配合双腿协同摆动，前摆时大小臂垂直，手臂高度在胸以下，后摆时大小臂仍垂直，两臂于身体两侧自然摆动，随步幅变化调整手臂的摆幅。双腿交换频率加快，保持稳定的步幅，前摆腿的脚跟着地后迅速滚动至前脚掌，柔和完成动作，同时后脚离地。

（二）健身走的注意事项

1. 运动强度与运动时间

健身走的运动强度和运动时间要以步速、地面坡度以及锻炼者的体力等情况来确定。速度快时，运动时间可相对缩短；反之，时间要延长。

调整健身走的距离、时间、强度时，要遵循循序渐进的原则。例如，爬坡速度以引起轻微呼吸急促感和适当的心率增快，且在停爬山坡后能在 4 ～ 5 分钟内恢复平静为宜。

2. 运动频度

每周 3 ～ 5 次，每天 1 次，或早晚各 1 次，每天总时间 45 ～ 60 分钟。

二、健身跑

（一）锻炼方法

1. 原地跑

原地跑的时间可长可短，锻炼者可根据自己的情况而定。在原地跑的过程中，为增加运动强度和运动量，实现更好的锻炼效果，跑的速度可逐渐加快，动作也可逐渐加大。锻炼者还可根据自己的跑步速度选择适当的音乐伴奏，从而提高锻炼的兴致，取得良好的锻炼效果。

2. 慢速跑

慢速跑是一种非常重要的健身跑方法。锻炼者可先根据自己的身体素质情况选择跑步距离，然后匀速慢跑完这段距离。慢速跑时，刚开始以每分钟 90 ～ 100 步为宜，然后逐渐加快速度，以每分钟 110 ～ 130 步为宜。每次跑的总距离最好为 2500 ～ 3000 米。每天的锻炼时间保持在 30 分钟左右为宜，每日或隔日锻炼一次。

3. 滑步跑

滑步跑是指锻炼者侧身而跑，即向左或向右跑动的方式。通过这一练习，可促进机体灵活性、敏捷性、协调性及平衡性的提高。向左跑时，右脚先从左脚之前向左侧移动一步，左脚则从右脚之后向左侧移动一步，如此反复侧向前进。而向右跑时，动作相反。

4. 定时跑

定时跑有以下两种情况。

（1）每天跑一定的时长，速度和距离没有限制，如开始时每周 2 次，每次跑半小时，以后每周增加到 3 ～ 5 次，每次跑 1 小时左右等。

（2）限定在某段时间内跑完一定距离，如开始时 5 分钟内跑完 500 米，之后随着运动水平的提高可缩短时间、加快速度，或增加跑的距离。

5. 迂回跑

迂回跑是一种游戏式的跑步方式，十分有趣，可提高身体灵活性。迂回跑时，可在跑步前方隔一段距离设置一个障碍物，每两个障碍物之间的距离可以相同，也可以不同，然后交替地从障碍物左侧和右侧跑过。

6. 倒退跑

倒退跑时，上体正直稍向后，挺胸抬头，两眼平视前方，双手于腰间半握拳，一腿抬起向后迈出，脚尖着地，身体重心随之后移，另一腿以同样的方式移动，小跑步向后退，交替进行，两臂配合双腿在前后方向自然摆动，避免身体左右摇摆。

7. 跑楼梯

跑楼梯对于改善新陈代谢、增强心肺功能、延缓肢体肌群萎缩、避免韧带僵硬、预防骨质疏松等具有重要的作用。在跑楼梯的过程中，腰、背、颈部和肢体要不间歇地活动，肌肉要有节奏地收缩和放松。

（二）健身跑的注意事项

1. 运动强度

健身跑的负荷强度主要反映在跑步的速度上。在锻炼初期，要严格控制跑速，可逐步加长跑步的持续时间。健身跑的负荷强度一般采用中等强度，可通过测定心率和自我感觉来判断负荷强度是否适宜。

2. 运动时间

对于身体健康且经常参加锻炼者，每次持续运动时间在 20 ～ 40 分钟为宜，至少 15 分钟。从未参加过运动锻炼或身体虚弱者，锻炼初级阶段每次运动时间可少一些，运动时心率达到靶心率（最大心率的 60% ～ 80%）的时间最少在 5 分钟，待身体适应后再逐渐增加每次运动时间。对于以减重为目的的锻炼者，可适当延长运动时间，一般不少于 40 分钟。

一天中什么时候锻炼较好，应因人而异。大学生可以根据自己的生活习惯选择方便的时间，不过每次锻炼的时间应相对固定。

3. 运动频率

可根据个人对运动的反应和适应程度确定运动频率，一般每周 3 次或隔日一次，每周运动总时间以不少于 80 分钟为宜。

第三节　休闲球类运动指导

下面以篮球和羽毛球为例进行介绍。

一、篮球

（一）健身动作

1. 移动

（1）起动。两脚前后开立，屈膝，上体向前倾，后脚蹬地，重心适当前移，屈臂前后摆动。

（2）跑。若由右向左变向跑，最后一步时右脚前脚掌蹬地，屈膝，上体稍向左转再前倾，左脚向左前方迅速移动，右脚紧跟。

2. 传球

以双手在胸前传球为例，十指分开，拇指呈八字形，球的高度在胸腹之间，目视传球方向，后脚蹬地，重心前移，两手迅速伸向传球方向，拇指下压球，屈腕，食指和中指用力拨球。

3. 接球

（1）双手接球。目视来球，手臂主动迎向来球方向，手触球后顺势屈臂后引，球的高度保持在胸腹之间。

（2）单手接球。如右手接球，右脚迈向来球方向，两眼紧盯来球，接球时，手掌呈钩形，手指自然分开，右臂向来球方向伸展。当手指触球时，手臂顺势后下引，左手立即握球，双手将球握在胸腹之间。单手接球控制范围大，方向变化多。

4. 运球

（1）低运球。屈膝，重心下移，上体向前倾，右手短促拍球，球反弹后高度不应超过膝关节，注意保护好球。

（2）高运球。屈膝，屈臂随球上下摆动，上体向前，手拍球的上方，使球落在身体侧前方。

（3）转身运球。运球中若对手在右路堵截，左脚跨出做中枢脚，右手按在球的前上方，右脚蹬地，同时身体向后转，顺势把球带到体侧后，左手继续拍球。

（4）背后运球。右手运球，向左侧变向时，右脚在前，将球引向身体右侧后，右手迅速转腕拍球，球到身体左前方后，换左手运球，后脚蹬地向前突破。

（5）体前变向变速运球。从对方右手突破时，先向防守左侧做变向球假动作，引诱对手左移，然后迅速拍球的右后上方，使球反弹到身体左前方，右脚向左前方跨步，上体向左移，侧肩将对手挡住，换左手继续运球前进，后脚蹬地突破。

5. 持球突破

（1）原地持球交叉步突破。以右脚做中枢脚从防守队员右侧突破为例。两脚左右开立，两膝微屈，降低身体的重心，持球于胸腹之间。进行突破时，右脚向右侧前方迈出一小步，将防守者引向自己右侧的同时，用右脚前掌内侧快速蹬地，向左侧前方跨出一大步，上体稍微向左转，右肩向前下压，身体的重心向左前方移动，将球推引到身体的左侧，用左手推按球于右脚左侧前方，接着左脚蹬地加速甩开对手。

（2）原地持球同侧步突破。以左脚作中枢脚为例。准备姿势和突破前的动作要求可参考原地持球交叉步突破技术。突破时，做假投篮动作，当对手重心前移时，右脚迅速向前方跨出一步，上体向右脚外侧偏前方，左脚前脚掌迅速蹬地，向前方跨出运球，突破对方的防守。

6. 投篮

（1）原地单手投篮。双脚开立，屈肘，手腕后仰，掌心向上（手心空出），持球于右眼前上方，左手扶在球的侧方，稍屈膝，上体前倾，放松，眼睛向篮点瞄准。投篮时，下肢蹬伸，手腕前屈，用指端拨球，最后用食指和中指柔和地将球投出，自然跟进，注意动作保持。

（2）原地跳起投篮。以原地跳起右手投篮为例，双脚分开，屈肘，手腕后仰，掌心朝上，五指分开，左手扶在球的侧面，稍屈膝，上体稍向后倾斜，目视篮点。投篮时，下肢蹬伸，腰腹部伸展，前臂伸直，手腕前屈，利用手指弹拨球，最后食指与中指发力投球，右臂自然跟进。

（二）篮球健身的注意事项

1. 运动时间与运动频率

如果很久不运动，可隔一天锻炼一次，最初两三次锻炼时每次持续时间在半个小时内，然后以半个小时为一个阶段逐渐增加，待身体机能完全恢复后，可以每天都打篮球。但切记不要运动过度，不要透支体力。

2. 其他

（1）避免做一些易发生危险的动作。

（2）出现指标异常时停止运动。

（3）每次锻炼前后都要做好准备活动和整理活动。

二、羽毛球

（一）健身动作

1.发球

以右手持拍、正手发网前球为例。持拍手放松，前臂向前摆，手指发力控制球拍，击球时，手腕发力，用斜拍面向对方前发球区内击球。

2.接发球

以前场正手接发球为例，接发球常见技术动作及方法如下。

（1）接发球勾对角小球。手腕内旋，拇指、食指发力转动拍柄击球，使球落在对方网前斜对角。

（2）接发球挑球。击球点低一些，用与地面呈钝角的拍面仰角，前臂内旋，拇指、食指发力将拍柄握紧，手腕伸展奋力击球。

3.网前击球

（1）正手放网前球。正手握拍，向右前斜上方举球拍。身体稍向右侧转，右脚向右前方迈一大步，保持弓步姿势。击球时，右手轻松握拍，手腕在手臂的带动下稍后伸，小臂稍外旋，在手指、手腕的控制下，轻击球托底部将球轻送过网，然后快速还原。

（2）网前正手推球。根据判断及时向目标方位移动，右手平举球拍。准备推球时，前臂外旋，拍面与来球相对。正式推球时，将拍面后移，闪腕，握紧拍柄快速击球。

（3）正手扑球。重心右移，身体向球网右侧快速跃起，球拍与来球相对。击球时，前臂带动手腕和手指快速抖动发力扑接。击球后快速还原。如果来球距网较近，为避免球拍触网犯规，手腕从右向左将球压下，采用“滑动”式扑球方法来回接球。

4.中场击球

（1）正手平抽球。根据判断及时向目标方位移动，与球网侧对，上体向右侧稍倾，右脚支撑体重，击球时，手腕在前臂的带动下抽压，抖动挥球拍。

（2）半蹲快打。两脚平行站立或根据来球情况稍微一前一后分列站于中场区域，屈膝成半蹲姿势，持拍手上举准备击球。击球时，抢高点前臂向前带动手腕抖动爆发式力量击球，拍面稍下压，击球托后部。击球后，手臂随惯性收回，为下一步动作做准备。

5.后场击球

（1）正手击高远球。准确判断来球，迅速移动到位，站在球下落的左下方，侧身左肩对网，右脚支撑重心，右手将球拍举到右肩上方，左手自然高举，待球下落时，放松握拍，击球时，蹬地、转体收腹，大臂带动小臂向前上方甩腕，在高点击球。击球后，手臂随挥并收拍至体前，然后迅速还原至准备姿势。

（2）反手击高远球。准确判断来球，迅速移动到位，站在球下落的左下方，右脚前交叉跨到左侧底线附近。肘部上抬到略高于肩的部位，拍面朝上。击球时，以肘关节为支点抖腕，拇指侧压，自下而上甩臂击球。击球后，顺势转体面向球网，向中心位置退回。

（3）正手吊球。拍面稍内斜，手腕切削下压，将球托后部和侧后部作为击球点。如果是吊斜线球，球托右侧作为切削点；如果是吊直线球，拍面与前方正对，以向下切削为主。

（二）羽毛球健身的注意事项

1.运动强度

适宜锻炼强度为最大负荷的 65% ～ 75%，运动时脉搏在 130 ～ 150 次/分。

2. 运动时间与频率

初学者一般一周锻炼 3 次，一次 30 分钟左右；基本入门者一周锻炼 2 次，一次 45 分钟左右；完全入门者一周锻炼 1 次，一次 75 分钟左右；有一定体力和耐力的锻炼者一周锻炼 2 次，每次 1 ～ 2 小时（单打 1 小时，双打 2 小时）。

一般一周锻炼 2 次比较合理，但要根据身体情况来定，运动前做好热身，运动完后要放松四肢。

第四节　运动营养指导

一、人体所需的营养素

（一）水

人体在参加长时间的运动锻炼后，体温会逐渐升高，在这样的情况下，人体排汗会较多，水、盐和维生素都会有一定程度的流失。长时间如此，人的身体能力和运动能力就会出现下降的现象。而严重的失水现象则会对身体机能带来不良影响（见表 6-3），因此在运动中及时补充水分是尤为重要的。

一部分大学生在参加运动锻炼的过程中，偶尔会发生运动性脱水的现象，运动性脱水是指由运动而引起的体内水分和电解质丢失过多的现象。其原因在于在高强度锻炼情况下大量出汗而未及时补充水分，因此一定要注意在运动中补水。

表 6-3　失水对身体机能的不良影响

失水程度（占体重的百分比/%）	对身体机能的不良影响
2	强烈口渴、不适感、食欲下降、尿少
4	不适感加重，运动能力下降 20%～30%
6	全身乏力、无尿
8	烦躁、体温升高、心率加快、血压下降、循环衰竭甚至死亡

（二）糖类

糖类能为人体参与各种运动时提供必要的能量，因此糖类的补充非常重要。在实际的运动训练过程中，个体对摄入糖类的反应也存在较大的差异，因此要具体问题具体分析，结合不同锻炼者的实际情况合理地调整。对于一般大学生的体育锻炼来说也是如此，让大学生通过饮用不同类型的、不同浓度的饮料来补充糖分，以维持机体参与运动锻炼的需要。

（三）脂肪

脂肪是一种人体参与运动的重要的能源，对机体机能的发展具有重要的意义。大量的研究与实践充分表明，大学生坚持长期参加体育锻炼能有效增加机体对脂肪的氧化利用能力，能在一定程度上节约人体内的糖原和蛋白质，从而提升人体机能，保证身体健康发展。

（四）蛋白质

一般来说，蛋白质的供应量与人体运动能力之间有着极为密切的关系。如大学生在参加体育锻炼的过程中，耐力性运动能使蛋白质分解加强，合成速度减慢，机体尿氮和汗氮排出量增加。而力量性运动还能使活动肌群蛋白质的合成增加，促使人体肌肉逐渐壮大。

大学生参加各种各样的体育锻炼离不开蛋白质的参与，必须补充充足的蛋白质，这样才能为顺利地参加体育运动锻炼提供良好的物质基础。但需要注意的是，蛋白质的补充要合理，不能过多也不能过少，摄入过多的蛋白质会给人的肝肾带来一定的负担，因此一定要结合自身情况合理补充蛋白质，不要过量。

（五）维生素

维生素是人体所必需的微量元素，如果缺乏维生素，人体就会出现各种各样的问题。因此在平时应注意维生素的补充。尤其是在参加体育运动锻炼的过程中，由于机体的物质代谢得到加强，对维生素的需要量也会随之增加，所以及时补充维生素是非常重要的，这样能保证机体的正常运转，为顺利参加体育锻炼提供必要的保障。

相关研究与实践表明，如果人体缺乏维生素，就容易使运动能力降低，不利于运动锻炼的顺利进行。缺乏维生素后，运动者通常会感到倦怠、无力，出现头晕、便秘和疲劳等症状。因此，在日常生活中要注意维生素的补充，但需要注意的是，维生素属于微量元素，不要过量补充。

（六）矿物质

人体所需的矿物质非常多，矿物质的种类也是非常多样的，在此重点分析人体在运动过程中钙、铁、锌三种主要矿物质的代谢变化情况。

1. 钙的消耗与补充

人们在参加体育锻炼的过程中，尤其是长时间或大运动量的锻炼，通常会出现大量出汗的现象，这就会导致钙流失。因此，及时、合理地补充钙对于人体保持运动能力是非常重要的。如果钙缺乏就会引起肌肉抽搐，长时间如此就会导致骨密度降低。因此，一定要注意钙的补充。

2.铁的消耗与补充

大量的研究与实践证明，人体在长时间的运动锻炼中会使组织内储存的铁的含量明显下降，从而导致机体对铁的吸收率降低。在运动锻炼的过程中，人体汗液的流失也会导致铁元素的流失。此外，长时间的运动锻炼还在一定程度上对红细胞造成破坏。因此，及时地补充铁元素是非常重要的，尤其是参加大运动量的体育锻炼更是需要大量地补充铁元素。

3.锌的消耗与补充

研究发现，人体在参加大强度的无氧运动时，锌含量会呈现逐渐升高的趋势，而长时间的有氧运动则会促使人体锌含量逐渐下降。这是锌元素在人体不同运动中的具体表现。大学生在参加运动锻炼时要明白其中的原理和规律，合理补充锌元素，以维持机体的需要。

二、营养膳食的基本要求

（一）食物多样，谷类为主，粗细搭配

食物的种类有很多，并且每种都有不同的营养成分，每种食物的营养成分也都有主次，因此我们要平衡膳食，以达到合理营养的目的。

在我国传统饮食中，谷类食物占据着人们日常主食的大部分。如面、米、杂粮等能为人体提供足量的蛋白质、糖类、B族维生素和膳食纤维等。在食用的过程中，人们要注意粗细的搭配，常吃一些杂粮、粗粮和全谷类食物，以维持营养均衡。

（二）多吃蔬菜水果和薯类

在平时的饮食中，多吃新鲜蔬菜和水果是非常重要的。因为蔬菜和水果中含有丰富的人体所需的矿物质、维生素、膳食纤维等，具有较大的营养价值。尤其是对于处于青春期的大学生而言，每天吃足量的水果和蔬菜是非常重要的。

薯类具有丰富的膳食纤维、矿物质和维生素，经常食用薯类能很好地保持身体健康，维持肠道正常功能，提高人体免疫力，能有效降低冠心病、肥胖症等慢性疾病的发生率。

（三）每天吃奶类、大豆及其制品

奶类的营养成分比较多，含有丰富的钙、蛋白质和维生素，是合理膳食中钙质的最佳来源，因此每天摄取足量的奶类及其制品是非常必要的。总的来说，各个年龄段的人群都应适当饮用奶类及其制品，这有利于骨骼健康。患有高脂血症的人群要选择低脂奶，而患有肥胖症的人群则可以选择脱脂奶。因此，不同体质的大学生应结合自身情况合理选择奶类及其制品。

大豆中含有丰富的蛋白质、维生素、脂肪酸和膳食纤维等，因此适当食用大豆及其制品对于人体健康的维护也是非常有意义的。

（四）吃适量的鱼、禽、蛋和瘦畜肉

鱼、禽、蛋和瘦畜肉是人类摄取优质蛋白质、脂类、脂溶性维生素、B族维生素与矿物质的良好来源，这些元素对于人体健康的维持具有重要的意义，因此一定要注意平衡膳食，注意以上物质的补充。

我国大部分人摄入的动物性食物较多，如猪肉、牛肉等，为实现均衡饮食的目的，还应当多吃一些禽肉和鱼肉，但也有一些地区存在摄入动物性食物量

较少的情况，因此各个地区的人们要结合具体实际情况适当增加摄入量较少的食物种类。需要注意的是，摄入的量要合理，不能过多或过少。

（五）减少烹调油，吃清淡少盐膳食

脂肪能为人体提供必需的脂肪酸，有利于脂溶性维生素的消化和吸收，因此要注意脂肪的摄入。但需要注意的是，脂肪摄入量要适当，不能过多，否则就容易引起肥胖症、高脂血症等多种疾病。相关调查与研究表明，我国有很多人存在着食用油和食盐摄入过多的现象，这一情况需要引起重视。因此，我国居民要养成吃清淡少盐膳食的良好习惯，不要摄食过多的动物性食物和油炸、腌制等食物，形成良好的生活方式和营养习惯。

（六）食不过量，天天运动，保持健康体重

食物中含有大量的能量，人体在摄入能量后，在运动的过程中会消耗大量的能量，因此摄入的能量一定要充足。但是，也不要进食过量，否则多余的能量会以脂肪的形式存储下来而增加体重，长此以往，就容易导致肥胖症。所以，大学生在参加体育运动锻炼时，要学会控制进食量，改变不良的生活方式，坚持长期参加运动，养成良好的饮食习惯和运动习惯。

（七）三餐分配要合理，零食要适当

对于大学生而言，要学会合理安排一日三餐，要定时定量地进餐，养成良好的饮食习惯。通常来说，早餐安排在6：30～8：30、午餐安排在11：30～13：30、晚餐安排在18：00～20：00进行。另外，两餐的间隔时间应以4～6小时为宜。一日三餐的搭配比例为：早餐占全天总热能的25%～30%，午餐占40%，晚餐占30%～35%。早餐要保证有营养，午餐要吃好，晚餐要适量，不要吃得

过饱。除此之外，也不要暴饮暴食，合理地选择零食，以补充日常和运动体能所需。充分贯彻与遵循以上这些原则对于人体健康发展具有重要的意义和作用。

（八）每天足量饮水，合理选择饮料

水是一切生命必需的物质，对于人体生命活动具有重要的意义。大学生在参加运动锻炼的过程中，要学会合理的补水，保持人体水分的平衡，维持机体的健康。尤其是运动者在大量出汗时，应及时补充水分。一般情况下，应每隔30分钟补液150～250毫升，避免出现低血糖的现象，否则就会影响体育运动锻炼的顺利进行。

除此之外，大学生还要学会合理地选择各种饮料。一般来说，乳饮料和纯果汁饮料可以作为膳食的补充。富含矿物质和维生素的饮料可以在热天户外活动和运动后饮用。但是饮料不能代替水，这一点要切记。

（九）适量饮酒

无节制地饮酒会导致人的食欲下降，长期如此会发生多种营养素缺乏、急慢性酒精中毒等现象，更有甚者会导致患高血压、卒中等疾病，对个人健康和社会安定都是不利的，因此大学生一定要适量饮酒。

（十）吃新鲜卫生的食物

对于正处于青春期的大学生而言，要多吃新鲜卫生的食物，要尽量避免吸收对人体有害的物质。要从正规渠道采购食物，同时采购的食物要进行必要的储藏，以保持其新鲜，避免受到污染。另外，在烹调的时候要注意保持良好的个人卫生以及食物加工环境和用具的洁净，避免食物烹调时的交叉污染。

三、运动健身与营养的要求

（一）合理膳食营养的基本原则

1. 健身锻炼中合理膳食营养的必要性

大学生在参加体育运动锻炼的过程中，合理的营养补充至关重要。如果营养缺乏，消耗得不到补充，机体就会处于一种亏损状态。久而久之，就不利于身体健康，甚至出现疾病的状态。因此，大学生在日常生活中保持合理的膳食营养是非常重要的，这有利于运动锻炼的进行以及运动结束后的体能恢复。

2. 健身锻炼中合理膳食营养的基本原则

（1）保证三大宏量营养素的合理比例，即糖类占总能量的 60% ～ 70%、蛋白质占 10% ～ 15%、脂肪占 20% ～ 25%。合理地控制食糖及其制品的摄入。以植物油为主，减少动物性脂肪的摄入。维生素要按供给量标准配膳，有特殊需要者另外增加。

（2）在平时的生活与锻炼中，要注意饮食的合理搭配，一日三餐要讲究多样化，这样能有效促进食物的消化和吸收，被人体充分利用。

（3）在平时的生活中，所摄取的食物不要单一，要注意合理地组合搭配。动物性食物与植物性食物相混合是一种良好的搭配方式，大学生参加体育锻炼时尤其要注意这一点。

（二）健身锻炼中膳食营养的需求

1. 对热源营养素有特殊需求

对于常参加运动锻炼的大学生而言，应以谷类和动物性食物为主，这两类食物的热量最高。一般来说，糖类的来源是粗粮、水果、蚕豆、小扁豆、坚果以及植物种子。因此，大学生可以在食用水果时搭配一些坚果，以获得良好的营养补充。

2.蛋白质的补充

一般情况下，当人体在加大运动量、生长发育期和减轻体重期如出现热能及其他营养水平下降等情况时，应增加蛋白质的补充量，而且应补充优质蛋白。在补充蛋白质的同时，也必须补充适量的蔬菜、水果等碱性食物，这些食物能有效防止人体产生疲劳感，有利于运动锻炼的顺利进行。

3.无机盐的需要量

大学生在进行大运动量的锻炼后，应当注意无机盐不足引起的无力和运动能力下降等表现。一般来说，经常参加体育锻炼的大学生每天每人食盐需要量为 6 ～ 10 克，钙为 1000 ～ 1200 毫克，铁为 20 ～ 25 毫克。

4.维生素的补充

大量的研究与实践表明，经常参加体育锻炼的人在高强度的运动后最好服用适量的维生素E补充剂或富含维生素E的食品。这一类食物具有减轻肌肉酸痛、消除疲劳等作用，非常有利于体育锻炼的顺利进行。

5.水分的补充

大学生在参加体育锻炼的过程中会消耗一定的能量，同时会出现出汗现象，为维持机体的热平衡，就需要及时补充水分。如果不及时补充水分，就容易发生脱水现象，进而造成心血管负担，不利于运动锻炼的顺利进行。因此，在运动中及时补水是非常重要的，大学生要充分认识到这一点。

（三）健身锻炼中合理膳食营养的总体安排

1.能量食物的数量和质量应满足健身运动需求

在主食的选择上，米、面等都能满足人体能量的需要，要注意主食多样性的搭配。在参加运动锻炼的过程中，先不要食用葡萄糖、糖果以及肉类等。食用过多的肉类不仅不会给人体提供高能量，甚至还会带来过多的脂肪，长此以往会导致高脂血症、冠心病等疾病的发生。因此，对于热爱健身的大学生而言，平时应注意多食牛奶和豆制品，吃各种蔬菜和水果，以补充人体所需的多种维生素和能量。

2. 食物应当营养平衡和多样化

酸性食物或碱性食物是指食物经过消化吸收和代谢后产生的阳离子或阴离子占优势的食物。因此，我们不能从食物的味道来区分酸性或碱性食物。

通常来说，大学生在参加体育运动锻炼后，不宜大量食用大鱼大肉等酸性食物，以免造成酸碱失调现象。在运动后食用酸性食物，会致使人的体液更加酸性化，不利于身体机能的恢复。大学生在运动锻炼后应食一些蔬菜和豆制品等碱性食品，以保持人体内的酸碱平衡，这样有利于人体疲劳的恢复，维护机体的营养平衡。

3. 养成合理的饮食习惯

对于参加运动锻炼的大学生而言，在运动前 30 分钟应食用少量食物，以补充能量，维持机体运动的需要。进食后 30 分钟之内不要参加任何体育活动。在早晨参加运动锻炼时，食用的食物最好是奶制品、谷类食品等，避免食用人体难以消化和吸收的食物。

第七章
增强体质健康的运动处方

第一节　运动处方的基本知识

一、运动处方的概念

在体育锻炼过程中，锻炼者之间的个体差异和对运动负荷的承受能力存在着很大的不同，他们体育健身锻炼的目的、内容、方法与手段也是各不相同。要想通过体育运动来达到理想的锻炼效果，就必须结合锻炼者的身心特点和实际情况，因人而异，有区别地、有针对性地进行体育锻炼。这就是目前国内外盛行按运动处方进行锻炼的原因。

运动处方是 20 世纪 50 年代由美国生理学家卡波维奇提出的概念。1960 年，日本猪饲道夫教授首先使用“运动处方”这一术语。1969 年世界卫生组织使用了运动处方术语，从而在世界范围内得到认可。众所周知，所谓“处方”，在医学上是指医师给病人治病所开出的药方，病人凭药方遵医嘱服药，治疗疾患。不同的病人所患的疾病类别和程度不同，所得到的医药处方也是不同的，这就是医生的“对症下药”。运动处方类似于医生给病人所开出的医药处方，只不过运动处方是由教练员（专业指导者）或医生针对不同的人，根据每个锻炼者的需求，结合他们各自年龄、性别、身心特点、体育基础等方面的情况，运用科学体育健身的原理，以开处方的形式向锻炼者提供的量化的体育健身运动方案。运动处方科学地规定了从事体育活动的锻炼者或进行康复治疗的锻炼者适宜的运动内容、方法和手段、运动时间、运动负荷、运动频度和要求等，从而为锻炼者提供了一个科学、合理且有效的运动方案，有效地提高了体育健身锻炼的科学性、安全性、实效性，以实现增进身体健康、提高身体机能、治疗疾病和机体康复等锻炼目标。

二、运动处方的作用

运动处方的作用是通过服务于不同年龄、不同身体状况的人群，指导他们有计划、有目的地进行科学的锻炼，增强体质，防治疾病，丰富生活内容，调节心理状态。运动处方指导健身者科学地进行锻炼，以达到强身健体、愉悦身心、事半功倍的锻炼效果。锻炼者在参加完体质测试后，按照体质测试的情况，有针对性地遵照运动处方实施锻炼内容。

（一）增进身体健康

按照运动处方进行科学锻炼不仅能预防疾病，特别是现代的“文明病”，而且能改善身体状态、增进身体健康，提高对环境的适应能力。

（二）提高身体机能

运动处方可以指导锻炼、提高身体机能，使肌肉力量、耐力、爆发力，身体的灵敏性、技巧性、平衡性、柔韧性等素质和运动能力加强。

（三）治疗身体疾病

运动处方把运动当作健康疗法的一种手段，可以有效治疗身体疾病。严格地按处方进行运动可以大大提高运动中的安全性，尽可能少地出现意外危险。

运动处方是指导人们科学进行身体锻炼的一个重要方式和环节，在倡导终身体育锻炼的今天，掌握必要的运动处方锻炼知识和自我评价的方法，具有重要的指导意义。

第二节　运动处方的主要内容

一、运动目的

运动目的即根据个体的身体情况确定锻炼目标，它具有主观和客观两重性。运动目的主要有以下几个方面。

（1）促进人体生长发育。

（2）保持健康，延缓衰老。

（3）增强体质，提高工作效率。

（4）调节心理状态，丰富业余文化生活。

（5）掌握运动技能，提高竞技水平。

二、运动类型

为达到全面锻炼身体的最佳效果，健身运动处方应包括以下三种主要运动类型。

（一）有氧耐力性运动

有氧耐力性运动主要是改善和提高人体的有氧工作能力及机体的耐受力。这类运动有多种形式的步行走（漫步、散步、竞走等），多种形式的跑步（慢跑、健身跑、走跑交替、跑步机上跑步等），骑自行车，多种形式的体育舞蹈、健身操、健美操、武术以及球类运动等。

（二）力量性运动

力量性运动是以增强力量、改变形体为主的运动。例如，多种形式的健身器械运动，利用哑铃、壶铃、杠铃、弹簧及橡皮筋等进行的负重或抗阻力的力量练习。

（三）柔韧性运动

柔韧性运动是以改善身体柔韧性为主，调节呼吸节奏的运动。例如，各种形式的健美操、韵律操和养生气功等。

三、运动强度

运动强度是指锻炼时人体承受的生理负荷量。运动强度应根据锻炼者所进行的不同运动类型来确定。例如，锻炼时心率增加与能量消耗戒正比，因此在进行提高心肺功能的有氧锻炼时，测量心率是判断运动强度的标准方法。尽管心率也可用来评价力量练习中的运动强度，但计算肌肉疲劳前练习的重复次数，对于评价力量练习时的运动强度作用更大。肌肉伸展超过正常长度时，柔韧性水平就能得到提高。柔韧性伸展强度是根据伸展练习中所感到的紧张度以及不舒服度来测定的。

（一）用心率判断有氧运动强度

用心率判断有氧运动强度有以下几种方法。

1.年龄计算法

运动适宜心率=180－年龄（适用于身体健康的人）

运动适宜心率=170－年龄（适用于60岁以上老年人或体质较弱的中年人）

2.净增心率计算法

按体质强、中、弱三组分别控制运动强度。

体质强组，运动后心率－安静时心率＜每分钟60次。体质中等组，运动后心率－安静时心率＜每分钟40次。体质较弱组，运动后心率－安静时心率＜每分钟20次。

3.运动后恢复期心率计算法

此方法适用于心脏病、高血压、肺气肿等慢性病人。运动后2～3分钟内脉搏即恢复，运动强度过小；运动后5～10分钟内脉搏恢复，运动强度适宜。

如运动后5～10分钟内脉搏仍高于每10秒2～5次，则为中等运动强度；如高于每10秒6～9次以上则为大运动强度。

4.最大心率百分比计算法

此方法适用于中老年健康者。

最大心率=220－年龄

运动心率范围=最大心率×（60%～85%）

5.靶心率计算法

最大心率储备=最大心率－安静时心率

靶心率=最大心率储备×（0.6～0.8）+安静时心率

0.6 ～ 0.8 为适宜强度系数。运动强度在此范围内健身效果最好，故有人把 0.6 ～ 0.8 范围称为“训练带”或“训练区域”。把系数 0.6 称为“训练带（区域）的下限阈”，若低于此值，由于强度太低，对机体无明显影响，不能收到应有健身效果；把系数 0.8 称为“训练带（区域）上限阈”，若高于此值，由于强度太大，不仅收不到应有的健身效果，反而会导致过度疲劳，引起运动伤病，使健身锻炼不能持续下去。

（二）心率与健身效果的研究

运动心率在每分钟 110 次以下时，机体的血压、血液、尿和心电图等指标均无明显变化。此时的体能水平得不到提高，健身效果不明显，但可改善健康状况。

运动心率为每分钟 140 次时，每搏输出量接近达到最佳状态，健身效果明显。

运动心率在每分钟 150 次时，心脏每搏输出量最大，健身效果最好。

运动心率在每分钟 160 ～ 170 次时，虽无不良的异常反应，但也未出现更好的健身效果。

运动心率达到每分钟 180 次时，体内免疫蛋白减少，易感染疾病，并易产生疲劳或运动疾病。

（三）自觉疲劳程度测定

自觉疲劳程度测定（Rating of Perceived Exertion, RPE）是根据运动时努力程度的自我感觉来测定运动强度的一种方法。它的范围从 6 级至 20 级，6 级相当于静坐，20 级相当于筋疲力尽。测定自觉疲劳程度是一种简便实用的方法，此法对心率有异常的人，如心动过速、过缓或不规则的人，以及老年人和进行非周期性的有氧运动的人特别适用。

在健身过程中，可把测心率法和自觉疲劳程度测定法结合起来控制运动强度，即先通过测心率找出与其相对应的自我感觉。这样在健身运动过程中不需要停下来测心率决定运动强度，直接通过感觉就可调整运动强度。

一般老年人的运动强度宜在 6 ～ 12 之间，中青年人的运动强度宜在 9 ～ 15 之间。

（四）用RM（Repetition Maximum，最大可重复次数）监测力量锻炼的强度

在力量练习中常用RM表示运动强度，而不是用心率来判断。负重力量练习的持续过程不是用时间单位来表示，而是用组数Set来表示。

RM是表示能重复的最大次数，即进行某一重量的练习时，用一次连续练习的最大重复数来衡量负荷的大小。如练习者对该重量只能连续举起 6 次，则该重量对练习者来说是 6RM。RM仅代表在该重量下最多能重复多少次，而不是反映重量的绝对值。RM数字越大，所用负荷就越轻。1RM的负荷即为最大负荷。

不同目的的力量锻炼，负荷要求不一样。一般提高肌肉力量宜用大负荷，在 2 ～ 7RM之间；而提高肌肉耐力，减缩多余脂肪，则宜用小负荷，可在 15RM以上；对于健身保健，一般宜用 8 ～ 12RM较为合适。老年人则可用 10 ～ 15RM。

一次无间歇的最大可重复次数的练习称为“一组”，组数用SET表示。如果练习者对某一重量只能连续举起 10 次，那么 10 次就算一组。组数的多少受多种因素的影响，练习目的不同，练习组数就会有一定差异，一般认为一次练习可在 2 ～ 4 组。

（五）用机体的感受监测柔韧性锻炼的强度

柔韧性练习强度一般并无定量规定。在伸展过程中，以机体感受到的紧张程度和不舒服感来衡量。机体感到较小的紧张感和不舒服感，也就是感到“酸胀”是中低强度；如在伸展过程中，机体感到较强的紧张感和不舒服感，也就是感到“痛、麻”是高强度。随着柔韧性在锻炼过程中的提高，练习强度逐渐加大，要做到“酸胀”加、“痛”减、“麻”停。

四、运动时间

运动时间是指每次锻炼持续的时间（包括准备活动和放松时间）。

要获得一定的锻炼效果，一次锻炼至少持续 10 分钟。加上准备活动 5 ～ 10 分钟，一次锻炼的必要时间为 15 ～ 20 分钟。

（一）有氧健身的运动时间

每次持续时间应在 20 ～ 60 分钟，最短不少于 10 分钟，最长不宜超过 60 分钟。其特点是运动强度较低而时间较长。

（二）力量锻炼的运动时间

力量锻炼的时间由动作数（RM）、锻炼的组数（Set）及组间休息时间决定。一次锻炼有 8 ～ 12 个部位的动作，每个动作锻炼两组。完成一组动作花 2 ～ 3 分钟（含 30 ～ 50 秒休息）。如每个部位的动作练习一组，一次力量锻炼 20 分钟左右；每个部位的动作练习两组，一次力量锻炼 40 分钟左右。

（三）柔韧性练习的时间

柔韧性练习的时间由采用的伸展方式决定。它主要取决于重复的次数和伸展位置上停留的时间。每个姿势持续的时间和次数是逐渐增加的，应从最初持续 10 秒，经过一段时间的练习增加至持续 30 秒。每个姿势重复多次。一般健身锻炼中的柔韧性练习 5 ～ 10 分钟就足够了。

五、锻炼频率

锻炼频率指每周的锻炼次数。最适宜的运动频率是每周 3 ～ 5 次。由于运动效应和蓄积作用，间隔时间不宜超过 3 天。作为一般健身保健者、退休人员及疗养者，每天锻炼一次为好。一周运动一次，运动效果不蓄积。运动后 1 ～ 3 天身体不适，容易发生伤害事故。一周运动两次，疼痛和疲劳减轻，运动效果有些蓄积，但不显著。一周运动 3 次，不仅运动效果可以蓄积，也不产生疲劳。每周运动 4 ～ 5 次，效果相应提高。

六、注意事项及微调整

（一）注意事项

1. 循序渐进

应以循序渐进的方法逐渐增加运动强度和运动难度。这样，可以减少肌肉酸痛、旧伤复发和运动不适。例如，由初期的散步过渡到中速走，走 4000 米后不感到疲劳，则可以进行慢跑。

2. 做好准备活动和整理活动

运动之前，轻微运动及伸展运动等准备活动比实际运动更重要。轻微运动使人从休息状态转变到运动状态，伸展运动能使关节更加灵活。

运动后做整理活动，进行适度的放松，能使肌肉更快消除疲劳，使呼吸和心跳尽快恢复正常。

（二）对运动处方的修正和微调

使用某一运动处方时，首先需要有个观察期，自我观察生理反应是否正常（心率、呼吸、出汗量、劳累程度等）。然后根据观察情况进行修改、微调。个人身体条件千差万别，运动处方要在反复实践中修正，最终找到最适合自己的处方。

七、生命在于适量运动

运动量太大，危及健康；运动量太小，无蓄积，效果不大。运动量多大才合适，是每位锻炼者必定涉及的问题。

（一）什么是适量运动

适量取决于个体的基础和需求。

1. 基础

如果一个人原有的健康基础较好，那么他在运动时能够承受较大的运动量和运动强度；如果基础差，那么只能承受较小的运动量和运动强度。

2. 需求

每个人在不同的阶段、不同的环境、不同的条件下都会有不同的运动需求，或者说健康需求。儿童时期特别需要运动来促进他们的骨骼、肌肉和内脏器官的发育；青年时期需要发展力量，女性则需要发展形体；中年时期需要通过健身运动来保持旺盛的精力，以便更好地工作；老年时期需要参与一定的养生运动以保持自己的健康状态，延年益寿。

适量运动的观点使每个人在各种不同的状况下，选择最适合自己需要的运动项目和运动量来增强自己的体能，以保持最佳的健康状态。

（二）阈值、健康阈、锻炼阈

初练者与体能强者、身体健康者与患病者、中青年人与老年人，在运动量的安排上应有所不同。

1. 阈值

对身体功能的刺激如不超过某水平是无效的，这一水平称阈值。如走、跑健身锻炼的阈值是用心率指标表示的。

2. 健康阈

健康阈是指改善健康状况所需的最小运动量。这种运动属于低水平运动，运动量较小，如散步、做家务、园艺活动等。适应对象为体质虚弱者、亚健康者、老年人、慢性病患者。

3. 锻炼阈

锻炼阈是指增进健康及健康体能所需的最小运动量。这种运动属于中等水平运动，运动量中等，如快走、慢跑等。适用对象为体质较好者，如中青年人。

值得注意的是，低水平的身体活动可以改善健康状况，但不能提高与健康有关的体能。中青年人，特别是大学生，要增进健康、达到锻炼效果，就必须采用锻炼阈，运动量、运动强度都要为中等水平。

（三）运动量、运动强度和运动时间三者之间的关系

运动量又称“运动负荷”，是由强度、时间、频率、数量及运动项目的特点等因素构成。这些因素相互关联和制约，改变任何一种因素都会影响运动量

的大小。

运动强度是指单位时间内人体承受的生理负荷量。

运动时间是指持续运动的时间。

三者有以下关系：

运动量=运动强度 × 运动时间

运动强度是运动处方定量化和科学化的核心问题。锻炼效果的大小，很大程度上取决于运动强度。运动强度过低，对机体刺激弱，即使运动量足够了，也只能改善健康状况；运动强度过大，对机体刺激过强，除了可能导致身体受伤外，还能引起其他疾病。只有适量的强度，才能有利于能量消耗的恢复和超量补偿，才能增强体能，提高健康水平。根据运动量、运动强度和运动时间之间的关系，运动强度确定之后，运动时间的长短决定运动量的大小。

第三节　运动处方的分类及制定和实施原则

一、运动处方的分类

（一）按应用的目的和对象分类

1. 竞技训练运动处方

竞技训练运动处方主要用于运动员，根据运动处方进行科学训练，以提高身体素质和运动技术水平。

2. 治疗性运动处方

治疗性运动处方是用于某些疾病或外伤的治疗和康复，它使医疗体育更加定量化、个别对待化。如某人中等肥胖，体重超标 10 公斤，他需每天爬山 1 小时，约 16 周的时间体重可以降到标准范围。

3. 预防性运动处方

预防性运动处方主要用于健康的中老年人及长期从事脑力劳动并希望参加体育锻炼者，主要目的是预防某些疾病（冠心病、肥胖病等），防止过早衰老，健身防病。如人过中年，身体就开始衰退，像动脉硬化就慢慢开始了。为了预防动脉硬化，运动处方规定了中等强度的耐力跑，使脂肪和胆固醇等物质不易沉积，从而达到预防动脉硬化的作用。

（二）根据运动处方的锻炼作用分类

1. 力量运动处方

力量运动处方的主要作用是提高肌肉的力量和耐力。在健身运动中，力量运动处方用于指导健身者科学地进行增强肌力的训练，以达到提高力量素质、减缓中年以后肌肉萎缩的速度、预防骨质疏松等作用。

2. 柔韧性运动处方

柔韧性运动处方的作用是提高身体的柔韧性素质。在健身运动中，柔韧性运动处方用于指导健身者采用科学的手段和方法，提高身体的柔韧性素质，预防随年龄增长而导致关节活动幅度下降。

3. 全身耐力运动处方

全身耐力（区别于肌肉力量和耐力）运动处方以提高心肺功能为主要目标。在健身运动中，全身耐力运动处方被用于科学地指导健身，以提高锻炼者的耐力素质，维持合理的身体成分，消除亚健康状态，预防冠心病、高血压、高血脂、糖尿病等疾病的发生。

力量运动处方、柔韧性运动处方和全身耐力运动处方对保持良好的健康体能状态，都可起到良好的作用。

二、运动处方的制定和实施原则

在制定和实施运动处方时要遵循下列原则。

（一）兴趣第一原则

兴趣是人们进行一切活动的基础，同样也是人们参加锻炼的原动力。在制定运动处方时，运动内容的趣味性、多样化是根本，合理搭配是关键，科学安排是保证，切忌枯燥的锻炼方式。

（二）因人而异原则

由于每个人的身体条件千差万别，不能预先制定适合于每个人的运动处方。因为每个人的身体或客观条件经常地变化，所以，必须根据每个人的实际情况因人而异，区别对待。

（三）适当增加耐力原则

在制定运动处方时，体能上的差别比性别和年龄上的差别更为重要。除了考虑性别和年龄外，还要以体力及耐力情况为出发点来制定运动处方，这样是最适宜的。

（四）及时调整原则

在执行运动处方一段时间后，就必须考虑根据锻炼者的实际状况、适应能力和体质状况及时进行调整。

（五）安全有效原则

运动处方中运动量和运动强度的安排要保证对机体的有效刺激，同时又能保证安全。

参考文献

［1］杨英杰.体育强国背景下大学生体质健康科学管理研究［M］.长春：吉林大学出版社，2021.

［2］王海.大学生体质健康的多维监控与运动健身指导［M］.北京：中国书籍出版社，2020.

［3］张继贵.我国高校体育教学管理的困境及解决措施［J］.黑龙江工业学院学报（综合版），2022（09）：148-152.

［4］翁薇，方奇.电子信息技术在高校体育教学改革中的应用分析研究［J］.当代体育科技，2022（07）：70-80，85.

［5］刘晓红，刘威，吴敏桦.多因素耦合影响下大学生体质健康环境特征评估与分析：以广西大学本科生为例［J］.青少年体育，2022（07）：37-39.

［6］陈金刚.高校体育教学管理现状与对策分析：评《体育教学管理与教学现状》［J］.当代教育科学，2021（08）：2.

［7］李文明，汪旭.信息技术在高校体育教学中的运用研究：评《信息化时代体育教学思维转变及其改革发展探索》［J］.林产工业，2021（02）：112.

［8］郭铁成.信息技术在高校体育教学中的运用研究［J］.微电机，2021（04）：117-118.

［9］谭龙杰.信息技术在高校体育教学中的应用研究［J］.机械设计，2021

（06）：150.

［10］刘艳杰.关于信息化技术在高校体育教学中应用研究的文献综述［J］.当代体育科技，2021（06）：141-144.

［11］郭奕海.信息技术融入高校体育教学的思考与实践：评《现代教育技术革新下高校体育教学研究》［J］.中国科技论文，2021（04）：465.

［12］陈志荣，李军亮，贺永林.试析在青少年中长跑节奏训练过程中教练员准确预判与指挥角色的重要性［J］.田径，2021（08）：50-51.

［13］李生祥.浅谈中长跑运动员的心理因素及其心理训练方法［J］.田径，2021（07）：53-55.

［14］张兰香.浅谈中考体育加试学生中长跑项目训练方法［J］.田径，2021（06）：36-37.

［15］杜利军.大学生体质健康测试成绩的提升策略研究：以中长跑为例［J］.当代体育科技，2021（34）：41-43.

［16］金虎.我国男子中长跑运动成绩突破的对策：理念的革新［J］.田径，2021（12）：49-51.

［17］盛祥梅，王世强.高校中长跑运动员身体素质的培养及训练途径研究［J］.田径，2021（09）：41，44.

［18］杨丽.学校中长跑项目中引入定向运动的可行性研究［J］.田径，2021（09）：17-18.

［19］张梦杰，李翰君.力量训练对中长跑运动员跑步经济性影响的研究进展［J］.医用生物力学，2021（增刊1）：420.

［20］王宇辉，李铭轩.泰州市青少年体质健康现况及评价分析［J］.冰雪体育创新研究，2021（24）：195-196.

［21］金剑.论新时代学生体质健康多元治理的现代化［J］.体育学研究，

2021（06）：46–52，90.

［22］李乐虎，高奎亭，舒宗礼.第三方组织参与我国学校体育监督评估：现状、困境与对策［J］.北京体育大学学报，2021（09）：45–55.

［23］张磊.《国家学生体质健康标准》执行15年来的评估：多维障碍与多角度破解——基于政策评估的利益相关者模式［J］.天津体育学院学报，2021（05）：541–547，562.

［24］万蓉.智慧校园背景下大学生体质健康促进的困境和路径选择［J］.文体用品与科技，2020（17）：36–38.

［25］朱炎光.信息技术在高校体育课程教学中的运用研究［J］.中小企业管理与科技（中旬刊），2020（02）：154–155.

［26］崔克.信息技术在高校体育课程教学中的运用［J］.体育风尚，2020（02）：122–123.

［27］蒋在爽，罗红，张辉，等.三峡大学学生体质健康现状与对策研究［J］.三峡大学学报（人文社会科学版），2020（增刊1）：120–122.

［28］掌玉宏.高校智慧校园体质健康平台建设研究［J］.福建电脑，2020（09）：180–181.

［29］郭海英，刘晖，曹书芳，等.基于微信平台的体质健康弱势学生干预系统研究［J］.山西大同大学学报（自然科学版），2020（06）：114–119.

［30］王锌铮，骆红斌，冷志伟.某中医药大学医学生体质结构特征的聚类分析［J］.中国学校卫生，2020（06）：922–924，928.

［31］刘晨.“健康中国”视角下我国大学生健康管理体系构建现状及发展探讨［J］.吉林工程技术师范学院学报，2020（07）：55–57.

［32］岳建军，龚俊丽，王家宏.困境与突破：基于国际行动框架的我国学生体质健康政策［J］.体育学刊，2020（02）：79–84.

［33］赵笑云，张敏，任铭威，等.大学生健康素养现状及影响因素分析［J］.卫生职业教育，2020（22）：52-54.

［34］王耀辉.新时期高校体育教学管理面临的困境及应对策略探析［J］.现代经济信息，2019（10）：425，427.

［35］叶芳.慕课在高校体育教学中的应用［J］.内江科技，2019（07）：42-43.